새로운 기술 'GPTs' 완전 활용법!

챗GPT 돈버는 AI
120% 투자·질문 기술

ChatGPT 120 TOSHIJYUTSU
by ChatGPT BUSINESS KENKYUKAI
Copyright © 2024 by ChatGPT BUSINESS KENKYUKAI
Original Japanese edition published by TAKARAJIMASHA, Inc.
Korean translation rights arranged with TAKARAJIMASHA, Inc.
Korean translation rights © 2025 by INFORMATION PUBLISHING GROUP
through Imprima Korea Agency.

초판 1쇄 인쇄 | 2025년 6월 1일
초판 1쇄 발행 | 2025년 6월 10일

지 은 이 | ChatGPT 비즈니스 연구회
옮 긴 이 | 김모세

발 행 인 | 이상만
발 행 처 | 정보문화사

책 임 편 집 | 노미라
편 집 진 행 | 명은별

주   소 | 서울시 종로구 동숭길 113 정보빌딩
전   화 | (02)3673 – 0114
팩   스 | (02)3673 – 0260
등   록 | 1990년 2월 14일 제1 – 1013호
홈 페 이 지 | www.infopub.co.kr

I S B N | 979−11−991583−2−0

※ 책값은 뒤표지에 있습니다.
※ 잘못된 책은 구입한 서점에서 바꿔 드립니다.

새로운 기술 'GPTs' 완전 활용법!

챗GPT 돈버는 AI

120% 투자 질문 기술

ChatGPT 비즈니스 연구회 지음 | 김모세 옮김

정보문화사
Information Publishing Group

들어가며

2024년 투자 환경은 큰 전환기를 맞았습니다. 일본의 신 NISA 등장에 따라 비과세 이익을 얻을 수 있는 범위가 확대되는 한편, 닛케이 평균 주가는 버블 시기의 최고치를 경신했습니다. 개인 투자자들이 주식 시장에 뛰어들 의욕을 매우 높이는 상황이었습니다.

이렇게 투자에 적합한 환경이 조성되면, 정보의 홍수 속에서 투자 판단을 망설이는 개인 투자자 또한 적지 않습니다. YouTube, X(구 Twitter) 등에서 유명한 투자자 및 경제 분석가들이 다양한 예측을 매일같이 내놓고 있습니다. 그 내용 중에는 보석도, 쓰레기도 있습니다. 확실한 고찰 없이 추측에 기반한 예측이 있는가 하면, 완전히 중심을 벗어난 예상을 연발하는 분석가들도 있습니다. 유명한 투자자라고 해서 늘 정확한 예측을 기대할 수는 없습니다.

이런 상황에서 투자자자들에게 믿음직한 동료가 되는 것이 바로 ChatGPT로 대표되는 생성형 AI입니다. 생성형 AI는 사회 구조 자체를 변혁하고 있으며, 투자 세계도 예외는 아닙니다. 특히 투자 활동의 핵심인 정보 수집 단계에서 생성형 AI는 큰 역할을 담당합니다.

이 책은 생성형 AI를 활용한 도구를 사용해 정보 수집 효율을 비약적으로 향상시키는 방법을 소개합니다. YouTube의 투자 관련 동영상들을 짧은 시간 내에 확인하는 방법, 영어를 읽지 못하더라도 영어 뉴스 사이트에서 아직 국내에 가공되지 않은 정보를 얻는 방법 같은 실천적인 기법들을 소개합니다.

또한 ChatGPT 유료 플랜인 ChatGPT Plus에서 사용할 수 있는 GPTs(커스텀 GPT) 중 투자 관련 GPT들을 소개합니다. 소개하는 것들 모두 매우 유용한 도구이므로 꼭 사용해 보기 바랍니다.

이 책이 독자 여러분에게 ChatGPT와 GPTs를 투자에 유용하게 활용하기 위한 나침반이 된다면 좋겠습니다. 생성형 AI를 동료로 삼아 현명한 투자를 실현함으로써 투자 성과를 높이시기 바랍니다.

그럼 AI를 활용한 투자의 세계로, 함께 한 걸음 내딛어 봅시다.

일러두기

- 이 책은 2024년 10월(사용 프로그램 기준) 정보에 기반하여 작성되었습니다. 이 책에 기재된 제품, 서비스, 애플리케이션 등은 사전 고지 없이 그 내용이나 가격이 변경되거나 판매 또는 배포가 중단될 수 있습니다.
- 이 책에서는 Windows 10/11, Google Chrome의 최신 버전(2024년 10월 기준)을 기준으로 스크린샷 수행 및 동작을 확인했습니다. OS 버전, PC/랩톱 기종에 따라 동작 또는 화면이 다를 수 있습니다.
- 이 책에 기재된 애플리케이션명, 회사명, 제품명 등은 미국 및 다른 국가의 등록 상표 또는 상표입니다. 이 책에서는 TM,(C) 기호는 표시하지 않습니다.
- 이 책에 기재된 내용을 바탕으로 조작할 때의 조작자의 실수 등에 대해 저자 및 출판사는 일체의 책임을 지지 않습니다.
- 지면 관계상, ChatGPT가 생성하는 답변의 내용을 일부 생략했습니다.
- ChatGPT 등의 문장 생성형 AI는 동일한 질문을 해도 매번 다른 답변을 생성합니다. 이 책에 수록된 답변은 여러 가지 사례 중 하나에 불과합니다.

CONTENTS

01

ChatGPT를 투자와 자산 운용에 어떻게 사용할까?

1-1   역사상 가장 강력한 투자 활용 도구인 ChatGPT를 활용하자!   16

1-2   유료 플랜인 ChatGPT Plus 없이는 투자에서 승리할 수 없다!   19

1-3   GPTs가 최고의 투자 도구인 놀라운 이유!   23

1-4   ChatGPT 외의 다양한 생성형 AI 도구들
최신 생성형 AI에 관해 알아보자!   27

CONTENTS

02

ChatGPT 등의 생성형 AI로 최신 투자 정보를 알자

2-1   바로 시험해 보자! 경제 뉴스 수집 최신 기법   36

2-2   'Stock Hint!'로 주식 정보 완전 수집! 과연 그 실력은?   42

2-3   반드시 알아두자! 생성형 AI로 영어 뉴스 읽기   49

2-4   Gemini Advanced로 YouTube 투자 동영상 목록을 확보하자   55

2-5   YouTube의 투자 관련 정보를 순식간에 완벽하게 체크하자!   61

03

GPTs로 일본 주식 정보를 수집하자

3-1 [GPTs 활용–결산 분석 GPT]
ChatGPT로 달라지는 결산 분석 방법, 이것으로 결정!   72

3-2 [GPTs 활용–일본 주식 분석군]
최강의 일본 주식 분석 도구의 실력 대공개!   83

3-3 [GPTs 활용–일본 주식 GPT]
일본 제일의 단 한 주! AI 투자 실력 파헤치기   94

CONTENTS

04

GPTs로 미국 주식 이외의 정보를 수집하자

4-1 [GPTs 활용-TradeGPT: Real-time Stock Analysis&Prediction]
AI 투자 어시스턴트를 사용하자!
주식 예측부터 리스크 관리까지 한번에   104

4-2 [GPTs 활용-Market Maven]
미국 주식을 다룬다면 필수! 경제 지표도 확인까지   112

4-3 [GPTs 활용-FX-GPT]
FX/소비재/암호 자산까지 모두 커버한다!   122

4-4 [GPTs 활용-Invest like Warren BuffetAI]
워렌 버핏식 투자로 자산 운용이 달라진다!   133

4-5 [GPTs 활용-NEWS TRADE ASSISTANT V3]
트레이딩 아이디어도 얻을 수 있다!
투자의 기본이 되는 뉴스 분석   141

05

생성형 AI를 투자에 사용하기 위한 필수 기법

5-1   DeepL로 간단하게 번역하기!   150

5-2   '좋은 프롬프트' 작성 조건을 알아두자!   156

5-3   '신 NISA+생성형 AI'로 자산을 늘려라!
      정확한 정보가 가장 중요한 아이템   162

GPTs 검색 방법

대규모 언어 모델을 커스터마이징해서 특정 분야의 프롬프트에 대해 뛰어난 대답을 하도록 만든 'GPTs'(커스텀 GPT) 사용 방법을 먼저 소개하겠습니다. 각 GPTs를 소개할 때마다. URL을 기재했으나, URL이 길기 때문에 검색을 통해 GPTs를 찾는 편을 추천합니다.

검색을 할 때는 비슷한 이름을 가진 GPTs가 많다는 점에 주의합시다. 접속하기 전 반드시 개발자 이름 등의 정보를 확인하세요.

❶ GPTs를 검색해서 추가한다

▲ ChatGPT Plus에 등록한 계정으로 로그인하고, [Explore GPTs]를 클릭한다.

❷ GPTs 이름으로 검색한다

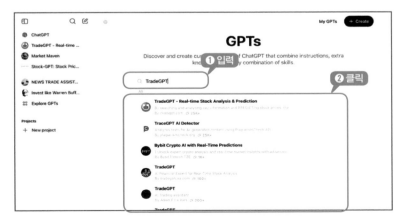

▲ ❶ 가운데 입력 필드에 GPTs 이름을 입력하면 검색 결과가 표시된다. ❷ 원하는 GPTs를 클릭한다.

❸ 개발자 이름을 확인한다

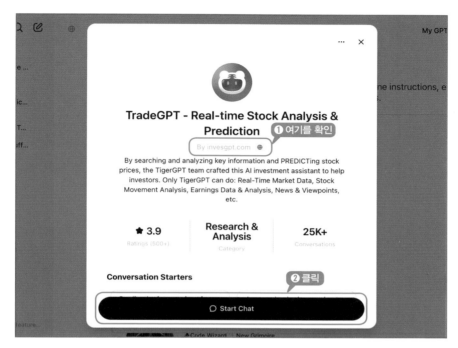

▲ ❶ 개발자 이름을 확인하고 원하는 GPTs 정보와 일치하면 ❷ [Start Chat]을 클릭한다. 정보가 일치하지 않으면 오른쪽 위 [×]를 클릭하고 다른 GPTs 정보를 확인한다.

01

ChatGPT를 투자와 자산 운용에 어떻게 사용할까?

1-1 역사상 가장 강력한 투자 활용 도구인 ChatGPT를 활용하자!

POINT

❶ 미국과 유럽에서는 투자에 ChatGPT를 활용하기 시작했다.
❷ GPTs는 ChatGPT의 성능을 크게 향상시켰다.
❸ ChatGPT를 정보 수집과 주가 분석 등에 활용할 수 있다.

생성형 AI는 투자를 위한 필수 아이템

최근 폭발적으로 확산된 서비스로 '대화형 생성형 AI 서비스'를 들 수 있습니다. 대표적으로 'ChatGPT'가 해당하며, 자연 언어 처리 기술을 사용해 사람과 자연스러운 대화를 할 수 있는 AI 챗봇입니다. 채팅하듯 대화하면 질문한 내용을 조사해 주거나, 대답해주는 것으로 인식되어 있습니다.

이것이 잘못된 인식은 아닙니다. 하지만 ChatGPT가 가진 잠재력은 이정도에서 그치지 않습니다. 실제로 미국과 유럽에서는 ChatGPT를 '투자' 분야에서도 사용하기 시작했습니다.

GPTs로 확장되는 ChatGPT의 기능성

ChatGPT는 계정을 등록하면 누구나 자유롭게 사용할 수 있습니다. ChatGPT의 기본 기능만 사용해도 그 사용 가치가 충분히 높지만, 과거의 정보를 기반으로 대답하기 때문에 투자 분야에서 활용하기에는 어려움이 있었습니다.

2023년 5월, 확장 기능으로 '플러그인'을 사용할 수 있게 되어 이 어려움이 어느 정도 해소됐습니다. 플러그인이란 ChatGPT에 다양한 기능을 추가할 수 있는 구조로, 웹 검색 등의 기능을 구현할 수 있습니다. 특정 사이트에 접근하거나 환율 같은 금융 데이터를 수집, 분석 또는 수집한 정보를 본인의 언어로 요약해 그 내용을 설명할 수 있게 된 것입니다.

그리고 2023년 11월, 'GPTs'라 불리는 새로운 기술이 발표됐습니다. GPTs는 특정 용도의 언어 모델을 커스터마이징할 수 있는 것으로, ChatGPT의 기본 기능을 확장하고 한층 세련된 정보 수집과 분석 능력을 제공합니다. 또한 플러그인을 사용하지 않고도 웹 검색에 기반한 결과를 출력할 수 있게 됐습니다.

GPTs의 등장에 따라 플러그인 기능은 2024년 4월 9일에 폐지됐습니다. GPTs의 등장은 ChatGPT 기능 확장과 서비스 개선을 위한 큰 발판이 됐습니다. 이로 인해 ChatGPT는 실시간으로 보다 다양한 정보를 제공하는 고도의 분석을 할 수 있게 됐습니다. 이를 통해 사용자들에게 보다 많은 가치를 제공하는 것을 목표로 하고 있습니다.

▍미국과 유럽에서의 투자 활용 사례

ChatGPT가 가진 고도의 자연 언어 처리 도구는 투자와 자산 운용에 활용하기 좋아 투자 분야에서 큰 주목을 받고 있습니다. 실제 미국과 유럽에서는 많은 투자자가 ChatGPT를 활용해 정보를 수집하고 분석에 활용함으로써 의사 결정 프로세스를 효율화하고 있습니다. 투자의 세계에서는 최신 기술의 활용이 효율적인 전략과 리스크 관리 등으로 연결되기 때문에, ChatGPT에 대한 주목과 활용은 자연스러운 흐름이라 볼 수 있습니다. 현재 미국과 유럽의 투자자들은 다음 분야에 ChatGPT를 활용하기 시작했습니다.

정보 수집 효율화

이전에는 일일 시장 동향이나 개별 종목 동향을 추적하려면 막대한 정보를 입수해 하나하나 검토해야 했습니다. 이제는 ChatGPT를 활용함으로써 뉴스 기사, 업계 보고서, SNS 등 광범위한 정보 소스로부터 데이터를 수집하고 빠르게 요약할 수 있게 됐습니다. 예를 들어 ChatGPT에게 '미국의 기술주에 관한 최신 뉴스를 알려줘'라고 전달하면 뉴스 사이트나 SNS 등에서 관련 기사나 게시글을 수집하고, 이해하기 쉽게 요약까지 해 줍니다. 이를 보고 사용자가 적절한 정보에 기반한 판단을 신속하게 내릴 수 있게 됐습니다.

재무제표 및 주가 차트 분석

투자 판단에 있어 재무제표나 주가 차트 분석은 필수입니다. ChatGPT는 이 복잡한 데이터들을 처리하고, 중요한 지표나 트렌드에 관해 대답해 줍니다. 예를 들어 기업의 재무 상황을 평가할 때, 이익률, 부채 비율, 현금 흐름 등을 즉시 계산해 내고 결과를 이해하기 쉽게 설명해 줍니다. 또한 주가와 관련된 역사적인 성과, 기술 분석은 물론 미래의 주가 동향에 관한 통찰을 얻을 수도 있습니다.

의사 결정 지원 강화

ChatGPT는 투자 포트폴리오의 리밸런싱, 신규 투자 검토 시 시장 트렌드 분석이나 리스크 평가를 수행하는 데 중요한 역할을 담당합니다. 예를 들면 환경 변화에 적응한 투자 분야 제안, 특정 리스크 요인에 대한 감응도 분석할 수 있습니다. 이를 통해 사용자는 보다 고도의 리스크 관리와 의사 결정을 할 수 있게 되며 전략적인 투자 선택을 할 수 있습니다.

Amazon의 최근 1분기 성과 보고를 요약해 줘.

아마존은 2024년 1분기에 다음과 같은 실적을 발표했습니다:

- **매출액**: 1,433억 달러로 전년 동기 대비 13% 증가했습니다. 연합뉴스
- **순이익**: 104억 달러로 전년 동기 대비 229% 증가했습니다. 연합뉴스
- **주당 순이익(EPS)**: 0.98달러로 시장 예상치인 0.83달러를 상회했습니다. 연합뉴스

사업 부문별 실적:

- **북미 사업**: 매출 863억 달러로 전년 동기 대비 12% 증가했습니다.
- **국제 사업**: 매출 319억 달러로 전년 동기 대비 10% 증가했습니다.
- **AWS(아마존 웹 서비스)**: 매출 250억 달러로 전년 동기 대비 17% 증가했습니다. 프리미엄 콘텐츠

이러한 성과는 클라우드 서비스와 광고 부문의 성장, 그리고 비용 절감 노력의 결과로 분석됩니다. 프리미엄 콘텐츠

출처

▲ ChatGPT에게 미국 Amazon의 최신 1분기 보고를 요약하게 한 예. 간단한 질문을 하는 것만으로 1분기 보고를 요약해 준다.

▌일본에서는 이제부터의 활용을 기대

미국이나 유럽에서는 주식 시장 트렌드 예상, 경제 지표 해석, 개별 기업 실적 분석 등 넓은 영역에서 ChatGPT의 능력이 주목받고 있습니다. 실제 금융 기관이나 개인 투자자가 ChatGPT를 투자 정보 수집, 분석에 적극적으로 활용하기 시작했습니다. 하지만 일본에서는 이제 막 활용을 시작하고 있는 상황입니다. 이후 일본의 독자적인 시장 환경이나 투자 문화에 적합하게 커스터마이징이 진행되면 정보 수집 효율화, 분석 정확도 향상에 크게 기여할 수 있을 것입니다. 향후 ChatGPT가 일본 투자자에게 있어 없어서는 안 될 도구가 되고, 보다 세련된 투자 전략 책정에 반드시 필요한 도구가 될 가능성이 높습니다.

1-2 유료 플랜인 ChatGPT Plus 없이는 투자에서 승리할 수 없다!

POINT

❶ 투자에 활용하기 위해서는 유료 ChatGPT Plus에 반드시 가입해야 한다.
❷ 기술 분석, 펀더멘털 분석도 가능하다.
❸ 결과에 오류가 포함되기도 한다.

ChatGPT의 구조와 무료 플랜의 한계

ChatGPT 무료 플랜은 대량의 사용 예를 모아 딥러닝시킨 'GPT-3.5'라는 대규모 언어 모델을 사용합니다. 언어 모델을 사용해 단어의 연결을 계산하고, 어떤 단어 다음에 이어질 확률이 높은 단어를 이끌어내는 구조로 동작합니다. 이를 통해 사용자가 문장을 입력하면 그 내용에 대답하는 문장을 순식간에 생성하고, 마치 사람과 대화하고 있는 듯한 메시지로 응답합니다.

하지만 문제가 없지는 않습니다. GPT-3.5는 2022년 1월까지의 데이터를 사용해 학습했습니다. 다시 말해 이 시점 이후의 최신 정보는 대답에 포함할 수 없으므로 최신 정보와 관련된 질문을 하면 잘못된 대답을 하거나 '최신 정보에 기반해 대답할 수 없습니다. 다른 정보 소스를 확인해 주십시오', '이 대답은 2022년 시점의 정보를 기반으로 하고 있습니다' 같이 대답합니다. 최신 정보를 사용하지 못하다는 것은 투자 분야의 활용에 있어 치명적인 단점입니다.

ChatGPT Plus로 기술 분석 수행

투자 분야에서는 분석이 반드시 필요합니다. 일반적으로 상장 기업을 분석할 때는 기술 분석과 펀더멘털 분석의 두 가지 방법을 사용합니다. 기술 분석은 차트에 표시된 과거의 주가 움직임으로부터 트렌드와 패턴을 파악해 이후의 주가나 환율 트렌드를 예상하는 것입니다. 기술 분석은 어떤 시점에서 주식을 매매할지 판단할 때 적합합니다. 이 기술 분석도 ChatGPT에 차트를 읽게 해서 곧바로 실행할 수 있습니다. 예를 들어 애플의 일일 주가 차트를 읽게 해서 분석하게 하면 다음과 같이 대답해 줍니다.

▲ 이 일일 주가 차트를 읽고 기술 분석을 수행하도록 지시한다.

(일일 주가 차트 이미지를 제시한 뒤)이것은 애플의 일일 주가 차트입니다. 이 차트를 기반으로 기술 분석을 수행하십시오.

추세 분석
- **단기 추세:** 차트의 오른쪽 끝 부분에서 주가는 상승 추세를 유지하고 있습니다. 특히 최근 강한 상승세 이후 약간의 조정을 보이면서도 여전히 고점 부근에서 거래 중입니다.
- **중기 추세:** 6월부터 시작된 강한 상승 반전이 확인되며, 이전 저점(4월)의 약 170달러에서 현재 240달러 근처까지 상승했습니다.
- **장기 추세:** 차트 전반적으로 상승 기조가 우세하나, 중간 중간 조정 구간이 나타난 것이 확인됩니다.

지지선과 저항선
- **주요 지지선:**
  - 215달러 근처: 최근 상승세 중 가격이 여러 차례 지지된 구간입니다.
  - 170달러: 장기적으로 강한 반등이 발생한 이전 저점 수준입니다.
- **주요 저항선:**
  - 245달러: 현재 최고점 부근으로, 이 저항을 뚫을 경우 추가 상승 가능성이 있을 수 있습니다.

거래량 분석
- **거래량 증가:** 6월과 10월에 거래량이 급증하면서 상승 추세가 강화된 것으로 보입니다. 특히, 상승과 함께 거래량이 동반된 점은 매수세가 강함을 나타냅니다.
- **현재 거래량:** 최근 거래량은 약간 감소한 모습이지만, 이는 조정 또는 횡보 과정에서 나타나는 일반적인 현상입니다.

캔들 패턴 분석
(이하 생략)

펀더멘털 분석에서는 일반적으로 기업이 결산시 발표하는 대차대조표, 손익 계산서, 현금 흐름 계산서 등으로부터 실적이나 재무 상황을 판단해 분석 재료로 사용합니다. 예를 들어 마이크로소프트의 결산표로부터 재무 상황을 확인하도록 제시하면 다음 과 같이 대답해 줍니다.

 사용자 마이크로소프트의 최신 결산표로부터 대차대조표, 손익 계산서, 현금 흐름 계산서 등을 얻은 뒤 실적과 재무 상황을 판단하십시오.

 AI 손익계산서
- **총매출**: 약 6,558억 달러로 전년 동기 대비 증가했습니다.
- **매출총이익**: 약 4,549억 달러로, 매출총이익률은 69.35%를 기록했습니다.
- **영업이익**: 약 3,055억 달러로, 영업이익률은 44.49%입니다.
- **순이익**: 약 2,467억 달러로, 순이익률은 35.61%를 나타냈습니다.

이러한 수치는 마이크로소프트의 수익성이 매우 높음을 보여주며, 특히 영업이익률과 순이익률이 업계 평균을 상회하고 있습니다.

대차대조표
- **총자산**: 약 5,230억 달러
- **총부채**: 약 2,353억 달러
- **자기자본**: 약 2,877억 달러
- **유동비율**: 1.3(유동자산/유동부채)
- **부채비율**: 33.66%(총부채/총자산)

유동비율이 1 이상이며, 부채비율이 낮아 재무 건전성이 우수함을 나타냅니다.

현금흐름표
- **영업활동 현금흐름**: 약 3,418억 달러
- **투자활동 현금흐름**: 약 −1,520억 달러
- **재무활동 현금흐름**: 약 −1,658억 달러

영업활동을 통해 강력한 현금 창출 능력을 보이며, 투자 및 재무활동에서의 현금 유출은 성장과 주주 환원을 위한 것으로 해석됩니다.

종합 판단
마이크로소프트는 높은 수익성과 안정적인 재무 구조를 유지하고 있으며, 강력한 현금 창출 능력을 통한 지속적인 성장이 기대됩니다. 특히, 클라우드 서비스와 소프트웨어 부문의 성장이 주요 동력으로 작용하고 있습니다. 다만, 기술 산업의 빠른 변화와 경쟁 심화에 대비한 지속적인 혁신이 필요합니다.

참고: 위 데이터는 2024년 9월 30일 기준이며, 최신 정보는 공식 재무제표를 확인하시기 바랍니다.

▌ChatGPT 과신은 금지

이렇게 ChatGPT Plus를 활용하면 쉽게 투자 정보 수집 및 분석을 할 수 있습니다. 단, ChatGPT가 반드시 정확한 정보를 제공하는 것은 아닙니다. 특히 주의해야 할 점은 그럴듯한 거짓 대답을 출력하는 할루시네이션(Hallucination)입니다. 이 현상은 '학습 데이터 오류', '문맥을 중시한 대답', '오래된 정보', '정보 추측' 등을 이유로 발생합니다. 어느 분야에서나 그렇지만, 특히 투자 분야에서의 거짓(허위) 정보는 치명적입니다. ChatGPT는 어디까지나 투자의 보조 도구이며, 최종 판단은 투자자 자신이 스스로 내려야 합니다. ChatGPT의 제안을 맹목적으로 따르지 말고, 스스로의 책임 원칙에 따라 행동해야 합니다.

1-3 GPTs가 최고의 투자 도구인 놀라운 이유!

POINT

❶ GPTs는 ChatGPT를 커스터마이징할 수 있다.
❷ GPTs를 사용하면 주가 관련 정보를 무료로 얻을 수 있다.
❸ 투자 특화형 챗봇을 보다 편리하게 사용할 수 있다.

오리지널 챗봇을 만들 수 있는 'GPTs'

지금까지 설명했듯 ChatGPT를 투자 분야에 활용하면 매우 유용합니다. 하지만 알고 싶은 것들을 일일이 질문하고 그 답을 또 다른 질문으로 연결하기란 꽤 번거로운 일일 수 있습니다. 그래서 ChatGPT의 새로운 기능으로 추가된 'GPTs'를 활용하면 좋습니다. GPTs는 각 사용자의 니즈에 맞춰 ChatGPT를 커스터마이징해서 고유의 챗봇을 만들 수 있는 기능이며, 유료 플랜인 ChatGPT Plus에서만 사용할 수 있습니다.

GPTs의 가장 큰 특징은 코딩 없이 프로그램을 작성할 수 있다는 점입니다. 지금까지는 챗봇을 만들기 위해 전문적인 프로그래밍 스킬이나 지식이 필요했습니다. 하지만 GPTs는 그런 지식이 전혀 필요하지 않습니다. 'GPT Builder'라는 도구를 사용해 원하는 내용을 지시하고, 필요한 기능이나 구체적인 기능을 프롬프트를 통한 대화만을 사용하여 완성할 수 있습니다. 엔지니어의 등의 도움이 필요하지 않으며, 개발에 걸리는 시간도 짧으면 수 십분 정도 밖에 되지 않는, 가볍게 작성할 수 있다는 점이 포인트입니다.

그리고 Custom Actions 기능을 사용하면 외부 데이터를 API(소프트웨어나 프로그램, 웹 서비스 등이 서로 정보를 교환하기 위한 창구)를 통해 호출해서 수집할 수 있습니다. 이를 활용하면 작성한 오리지널 챗봇을 외부 서비스와 연동할 수 있습니다.

예를 들어 '주가 정보 수집을 무료로 사용할 수 있는 API'를 사용하면 주식, 환율, 가상 화폐 등의 가격과 뉴스 및 지표 등을 수집할 수 있습니다. 이를 활용하면 주가 차트 분석, 투자 판단을 위한 데이터 수집, 뉴스 애플리케이션 등과의 데이터 연동이 가능해집니다. 이런 사용 방법은 ChatGPT만으로는 어려웠지만 GPTs를 사용하면서 가능하게 됐습니다. 투자 분야의 정보를 분석하고 출력하려면 외부 서비스와 반드시 연동해야 하므로 GPTs가 꼭 필요한 기능이라고 할 수 있습니다.

또 다른 큰 특징으로 직접 작성한 챗봇을 공개/공유할 수 있다는 점을 들 수 있습니다. 작성한 챗봇은 '자신만', '링크를 알고 있는 사람만', '모두에게' 중 하나의 범위로서 공개할 수 있습니다. '모두에게' 옵션으로 공개하면 현재 시점에서는 무료로 공개되지만 이후에는 판매를 통한 수익화가 가능해질 예정입니다.

█ 공개된 GPTs를 사용해 투자 분야에 곧바로 활용

GPTs를 만드는 데 전문 지식이 필요하지는 않지만 '제작할 충분한 시간이 없다', '역시 어렵다'고 느끼는 사람도 있을 것입니다. 이럴 때는 'GPT Store'를 활용할 수 있습니다. GPT Store는 전세계 사용자들이 만들어 공개한 챗봇을 사용할 수 있는 서비스입니다. GPT Store에는 다양한 장르의 챗봇이 공개돼 있으며, 키워드를 입력해 적절한 GPTs를 찾을 수 있습니다. 물론 투자 분야 챗봇도 계속해서 등장하고 있으므로, 이를 활용하면 보다 편리하게 ChatGPT를 사용할 수 있습니다. 이 책의 3장과 4장에서 편리한 GPTs를 몇 가지 사용해 봅니다.

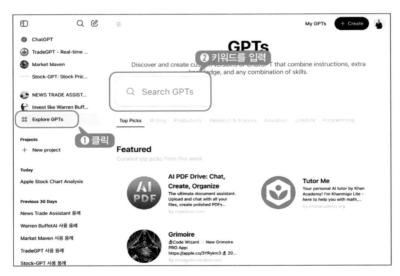

▲ 사이드바의 [Explore GPTs]를 선택하면 GPT Store가 표시된다. GPT Store에서는 전 세계 사용자들이 만들어 공개한 챗봇을 볼 수 있다. 예를 들어 'Invest' 등의 키워드를 입력하면 투자 분야의 챗봇을 찾을 수 있다.

▲ 검색 결과에서 챗봇을 선택하면 해당 챗봇이 표시된다. 일반적인 ChatGPT와 같이 원하는 질문을 입력해서 대답을 얻으며 사용하면 된다.

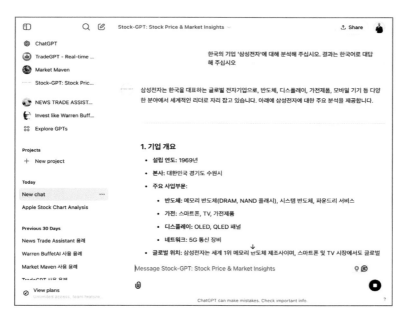

▲ 질문에 대해 해당 챗봇이 가진 스킬을 바탕으로 대답한다. 사용 방법을 모를 때는 '어떻게 사용하면 좋습니까?' 등으로 질문하면 사용 방법을 설명해 준다.

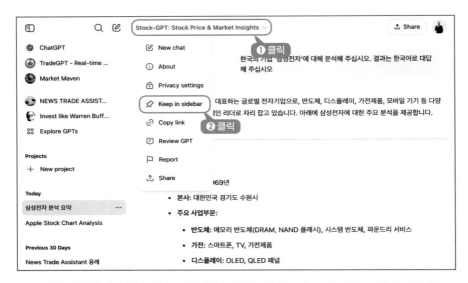

▲ ❶ 자주 사용하는 챗봇은 화면 왼쪽 위에서 챗봇 이름을 클릭한 후 ❷ [사이드바에 저장]을 클릭해 즐겨찾기한다. 사이드바에 챗봇이 저장되며 언제라도 곧바로 사용할 수 있다.

1-4 ChatGPT 외의 다양한 생성형 AI 도구들 최신 생성형 AI에 관해 알아보자!

POINT

❶ Copilot은 무료로 GPT-4를 사용해 최신 정보를 대답한다.
❷ Gemini는 음성/이미지/동영상에도 대응한다.
❸ Claude는 현시점에서 최고의 한국어 능력을 갖추고 있다.

계속해서 등장하는 생성형 AI

ChatGPT가 등장하면서 생성형 AI가 대중에 단숨에 확산됐고 큰 화제가 됐습니다. 이후 우후죽순으로 다양한 사업자들이 생성형 AI 서비스를 출시했습니다. 모든 서비스들이 뛰어난 기능을 갖고 있으며, 각각 독특한 특징도 갖고 있습니다. 특히 최근에는 빅테크 기업인 Microsoft, Google도 생성형 AI 서비스에 힘을 기울이고 있어, 삼파전이 형성되어 있습니다. 또한 신흥 스타트업 기업도 계속해서 출현하고 있어 그 상황이 더욱 예측하기 어려워졌습니다. 이번 절에서는 ChatGPT 외에 주목받고 있는 주요 생성형 AI 서비스에 관해 소개하고 어떤 차이가 있는지 살펴봅니다.

┃ 다양한 제품에 내장되고 있는 Microsoft의 'Copilot'

'Copilot'(구 'BingAI')은 Microsoft사가 제공하는 생성형 AI 서비스입니다. '부조종사'라는 의미를 가진 Copilot은 AI를 사용해 사용자나 제품을 지원하는 서비스를 제공하고 있습니다. 웹서비스뿐만 아니라 제품에 내장되어 손쉽게 사용할 수 있습니다. Windows 11에 내장된 'Copilot in Windows'에서는 챗봇을 사용해 설정을 변경하거나 애플리케이션을 실행할 수 있습니다.

Copilot의 언어 모델은 ChatGPT Plus와 마찬가지로 GPT-4/GPT-4 Turbo를 사용하고 있습니다. ChatGPT에서는 유료 플랜인 Plus에서만 사용할 수 있는 GPT-4와 그 학습 데이터를 변경한 GPT-4 Turbo를 Copilot에서는 무료로 사용할 수 있다는 점이 큰 특징입니다. 요금을 지불하지 않고도 보다 뛰어난 대답을 기대할 수 있습니다. 단, 사용자가 많은 시간대는 GPT-4 Turbo를 사용할 수 없으므로 대답의 품질이 낮아지거나 대답이 지연될 수 있습니다. 이에 비해 Copilot의 유료 플랜인 'Copilot Pro'의 경우에는 피크 시간 대에도 GPT-4 Turbo를 사용할 수 있습니다.

Copilot은 검색 엔진인 Bing을 사용해 최신 정보를 수집해 대답을 만들기 때문에 최신 주제인 경우에는 ChatGPT보다 정확한 결과를 얻을 수 있습니다. 무료임에도 최신 정보를 사용한 대답을 얻을 수 있다는 점의 Copilot의 큰 장점입니다.

▲ Copilot은 검색 엔진인 Bing을 사용해 최신 정보를 수집해 대답을 만든다. 무료로도 GPT-4/
　GPT-4 Turbo를 사용할 수 있다는 것이 특징이다.

Copilot은 누구나 무료로 사용할 수 있습니다. Microsoft 계정으로 로그인하면 질문할 수 있는 최대 횟수 제한 등이 사라집니다. 2024년 1월부터는 한층 기능을 강화한 'Copilot Pro'도 제공되고 있습니다. Copilot Pro는 월 29,000원을 지불해야 하는 유료 서비스이며, 무료 서비스와 다음과 같은 차이점이 있습니다.

- 피크 시간에도 우선적으로 GPT-4 Turbo를 사용할 수 있다.
- 웹 버전의 Microsoft 365(PowerPoint, Word 등)에서 Copilot을 사용할 수 있다(애플리케이션 버전에서 사용하려면 Microsoft 365 Personal 또는 Family를 구독해야 한다).
- 'Designer'(구 'Bing Image Create')에서 하루에 100 부스트(Boost, 이미지 생성 고속화)를 사용할 수 있다.

그리고 'Copilot GPT'라는 기능도 Pro 사용자에게 제공됩니다. 이 기능은 ChatGPT의 GPTs와 같은 구조로, 'Copilot GPT Builder'라는 이름의 새로운 도구를 사용해 직접 커스터마이징한 독자적인 'Copilot GPT'를 만들 수 있습니다. 사용자가 만든 Copilot GPT는 GPT Store를 통해 공개할 수 있으므로 투자 관련 챗봇의 등장 역시 기대할 수 있습니다.

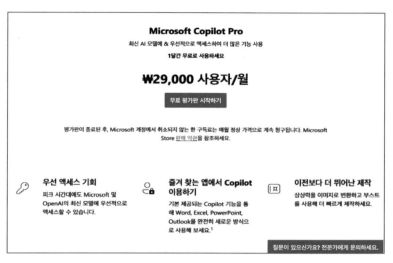

▲ 유료 플랜인 Copilot Pro는 월 29,000원으로 사용할 수 있다. Microsoft 365 애플리케이션에서 Copilot을 사용할 수 있다는 점 등, Microsoft 제품과 호환성이 뛰어나다. 그리고 GPTs와 같은 구조인 'Copilot GPT'를 제공하므로 사용이 한층 편리하다.

▌다소 기대를 벗어난 Google의 차세대 AI 모델 'Gemini'

'Gemini'(구 'Bard')는 Google이 제공하는 생성형 AI 서비스입니다. Gemini는 Google이 지금까지 축적해 온 막대한 데이터베이스와 검색 기술을 바탕으로, Google이 가진 정보에 접근할 수 있다는 점이 가장 큰 장점입니다. 언어 모델로 Open AI의 GPT-4와 전혀 다른 것을 사용하며, 등장 시점에는 주요 지표의 대부분에서 GPT-4를 뛰어넘을 것이라고도 알려졌습니다.

GhatGPT의 경우, 무료 플랜에서는 최신 정보를 대답에 포함시킬 수 없습니다. 하지만 Gemini는 Google의 실시간 검색 결과도 사용할 수 있기 때문에 최신 정보와 트렌드 등에 기반한 대답을 제공할 수 있습니다. 이것은 특히 투자 분야에서 사용할 때 큰 장점이 될 것입니다.

그리고 Gemini는 ChatGPT Plus와 마찬가지로 텍스트뿐만 아니라 음성, 이미지, 동영상 등 다른 정보를 이해할 수 있는 '멀티 모달(Multi-Modal)' 서비스입니다. 이 여러 요소들을 동시에 이해할 수 있도록 학습돼 있기 때문에 정보를 텍스트로 변환하지 않고 그대로 인식할 수 있습니다. 예를 들면 음성 데이터가 입력된 경우, 데이터를 텍스트로 변환하지 않고 음성으로 그대로 처리합니다. 이를 통해 음성에 포함된 뉘앙스를 포함한 내용을 이해하고 대답하는 것입니다.

이렇게 '떠들썩하게' 등장한 Gemini지만 실제 문서 생성 기능은 GPT-4와 비교해 특별히 뛰어나다고는 볼 수 없으며, 이 책 집필 시점에서는 사용자 사이에서 특히 화제되지는 않는 존재입니다. 이후 Google이 더욱 개발에 집중하여 다시 시장을 탈환하는 것을 기대해 봅니다.

▲ Gemini는 GPT-4를 뛰어넘는다고 불리는 언어 모델을 채용한 것이 특징이다. 대답에 Google의 실시간 검색 결과도 사용할 수 있으므로 최신 정보에 기반한 대답을 기대할 수 있다.

Gemini는 Google 계정을 가진 사용자라면 누구나 사용할 수 있으며 문장 생성, 정보 검색, 데이터 분석 등 다양한 태스크를 실행할 수 있습니다. 그리고 2024년 2월에는 유료 플랜인 'Gemini Advanced'를 발표했습니다. 'Gemini Advanced'는 월 29,000원으로 Gemini 보다 고성능의 언어 모델인 'Gemini Ultra 1.0'을 사용할 수 있고, 한층 높은 성능의 대답을 기대할 수 있습니다. 그리고 Google 드라이브의 저장소를 2TB

까지 확장해 주므로 Gmail, Document, Slide, Spreadsheet 같은 Google 애플리케이션에서 Gemini를 사용할 수 있습니다. 이렇게 Google이 제공하는 서비스와의 호환성이 보다 강력해지는 것도 장점일 것입니다. Google Advanced는 Google 개인 계정을 소유한 소유자만 사용할 수 있습니다. Gemini for Google Workspace를 사용하면 법인 사용자 계정으로도 사용할 수 있습니다.

Gemini는 사용 시 한 가지 주의할 점이 있습니다. 2024년 3월 기준, 공식 사이트에 "Gemini Advanced는 영어에 최적화되어 있다"고 기재되어 있습니다. 즉, 한국어로는 Gemini Ultra가 출력하는듯한 수준의 대답을 얻지 못할 가능성이 있습니다. 고품질의 대답을 얻고 싶다면 영어로 프롬프트를 준비해야 합니다.

그리고 Gemini Advanced는 등록 후 1개월 동안 무료로 사용할 수 있으므로 먼저 무료로 시험해 보고, 보다 고도의 기능을 사용해야 할 때 요금을 지불하는 것을 권장합니다.

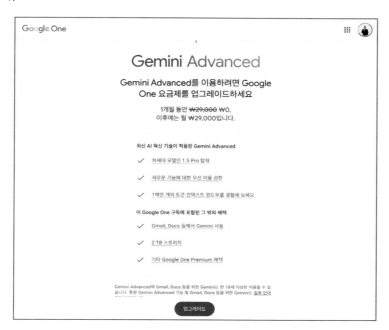

▲ 'Gemini Advanced'는 'Google One AI 프리미엄 플랜'으로 업그레이드하면 월 29,000원에 사용할 수 있다. 가장 큰 특징은 보다 고성능의 'Gemini Ultra 1.0'을 사용할 수 있다는 점이다. 보다 정확도가 높은 대답을 기대할 수 있다.

31

▌문맥 이해력이 높고, 자연스러운 대화를 할 수 있는 'Claude'

'Claude(클로드)'는 미국의 스타트업 기업 Antropic사가 제공하는 생성형 AI 서비스입니다. Antropic은 OpenAI의 원 개발자가 설립한 기업입니다. 2021년에 설립된 역사가 짧은 기업임에도 불구하고 미국 정부가 Claude를 생성형AI를 제공하는 주요 기업으로 인정해 큰 주목을 받고 있습니다.

Claude의 가장 큰 특징은 문맥 이해력이 높다는 점입니다. ChatGPT는 다소 딱딱한 말투로 대답할 때가 많지만, Claude는 사람의 마음이나 감정을 배려한 표현으로 대답합니다. 그렇기 때문에 ChatGPT보다 자연스러운 대화가 가능하다고 할 수 있습니다. 물론 앞서 설명한 Gemini 보다 한국어(일본어) 생성 능력도 뛰어납니다. 단, 일부 표현을 반복해서 사용하는 경향이 있어 무리하게 문장을 이끌어 내면 답변이 쉽게 중복된다는 문제가 있습니다. ChatGPT와 달리 이미지, 그래프 같은 파일 출력의 표현에는 대응하지 않고 있다는 점에도 주의해야 합니다.

그리고 안정성과 신뢰성을 중시하는 것이 특징입니다. 대답할 때 부정확한 정보를 피하고, 불확실할 때는 그 점을 사용자에게 전달함으로써 대답에 대한 신뢰성을 높이고 있습니다. 이를 통해 생성형 AI에서 문제가 되는 할루시네이션 우려를 줄이고 있어, 투자 목적에서의 사용을 고려했을 때 매우 매력적입니다.

Claude를 사용하려면 먼저 웹 브라우저에서 공식 사이트에 접속해 계정을 생성합니다. 계정은 무료로 생성할 수 있지만 SMS를 수신할 수 있는 전화번호가 있어야 합니다. 이후 생성한 계정으로 로그인하면 채팅을 시작할 수 있습니다. 2024년 3월 시점에서는 공식 사이트가 모두 영어로 되어 있지만 한국어로 대화를 하는 데는 아무런 문제가 없습니다.

▲ Claude가 사용하는 언어 모델은 GPT-4를 뛰어 넘는 성능을 가지고 있다고 여겨지고 있으며, 사람과 대화하는 듯한 자연스러운 대답을 얻을 수 있는 것이 특징이다. 대답의 높은 신뢰성 또한 장점이다.

Claude는 성능이 높은 순서대로 'Opus', 'Sonnet', 'Haiku'라는 3가지 모델을 제공합니다. 무료 플랜에서는 중간 성능을 가진 'Sonnet'을 사용할 수 있습니다. Sonnet은 GPT-3.5와 GPT-4의 중간 정도 성능이라고 설명되어있으며 대답 속도가 빠르고, 매우 균형 잡힌 성능을 갖고 있습니다. 무료료 사용할 수 있으므로 일반적인 사용 용도라면 충분한 성능을 발휘할 것입니다.

가장 성능이 높은 'Opus'는 GPT-4를 뛰어 넘는 성능을 발휘하고 있으며, 실제로 여러 번의 벤치 마크 결과에서 GPT-4와 Gemini Ultra를 뛰어넘고 있음이 확인됐습니다. 'Opus'를 사용하려면 월 20달러를 지불하는 유료 플랜인 'Claude Pro'에 가입해야 합니다. Claude Pro는 Opus를 사용할 수 있을 뿐만 아니라 피크 시간에도 우선적으로 사용 가능하며, 빠른 신기능 접근 등의 장점이 있습니다. 그렇기 때문에 무료 플랜을 우선 사용하고, 더 큰 활용성이 기대된다면 유료 플랜 가입을 검토하는 것을 권장합니다.

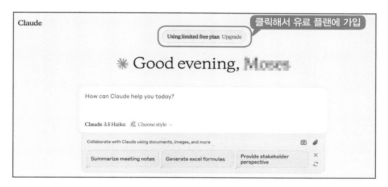

▲ 유료 플랜은 메인 화면의 [Upgrade]를 클릭해 가입할 수 있다. 지불은 신용 카드 또는 Google Pay로 가능하다.

▍생성형 AI가 내장된 대화형 검색 엔진 'Perpelxity'

'Perplexity(퍼플렉시티)'는 검색 엔진에 생성형 AI를 내장한 새로운 유형의 서비스입니다. 일반적인 검색 엔진은 검색 결과를 사이트 목록으로 표시하지만 Perplexity는 대화 형식으로 검색할 수 있는 것이 가장 큰 특징입니다. 사용자가 검색하고 싶은 내용을 입력하면 정보를 검색하고 그 결과를 요약해서 대답합니다. 대답한 내용에 의문이 있을 때는 그대로 추가 질문을 해서 보다 자세하게 조사할 수 있다는 점이 기존 검색 엔진들이 갖지 못한 큰 장점입니다.

또한 Perplexity는 네트워크의 최신 정보를 검색한 결과를 출처와 함께 대답해 주므로 정보의 진위를 쉽게 확인할 수 있다는 것도 매우 뛰어난 장점입니다. 투자에 관련된 정보는 사실 여부가 중요하기 때문에 매우 편리한 도구로 사용할 수 있을 것입니다.

사용하는 언어 모델에도 특징이 있습니다. 무료 플랜에서의 언어 모델은 GPT-3.5가 기본이지만 유료 플랜에서에서는 GPT-4, Claude 3 Opus 등 여러 최신 모델 중에서 최적의 것을 사용합니다. 그리고 인터넷 검색을 하지 않고 언어 모델에서 대답을 만들 수도 있습니다. 현 시점에서는 타사에서 만든 언어 모델을 사용할 수 있는 횟수는 최대 600회(일)라는 제한이 있습니다. 하지만 하루에 다 사용하기는 어려운 숫자이므로 사실상 사용에 제한이 없다고 생각해도 문제 없을 것입니다. 단, 제한 횟수가 이후 변경될 가능성이 있습니다.

유료 플랜인 'Perplexity Pro'는 월 20달러(또는 연200달러)입니다. 이 비용만으로 최신 모델인 GPT-4와 Claude 3 Opus를 사용할 수 있다는 것은 매우 저렴하다고 생각됩니다. Perplexity는 최신 투자 관련 정보를 빠르게 얻고 싶은 사람들에게 매우 유용한 서비스라고 할 수 있습니다.

▲ 'Perpexity'는 대화 형식으로 검색할 수 있는 생성형 AI 서비스다. 알고 싶은 정보를 추가로 질문하면서 검색할 수 있는 것이 특징이다. 유료 플랜이라면 여러 최신 언어 모델도 사용할 수 있다. ChatGPT Plus나 Claude 유료 플랜에서 이동하는 사람이 있을 만큼 인기있는 서비스다.

02

ChatGPT 등의 생성형 AI로
최신 투자 정보를 알자

2-1 바로 시험해 보자!
경제 뉴스 수집 최신 기법

POINT

❶ 최신 뉴스 수집은 Copilot이 가장 적합하다.
❷ 시간을 지정해 주가 등의 경제 지표를 얻을 수 있다.
❸ 흥미있는 업계의 경기 동향을 조사할 수 있다.

어떤 생성형 AI를 사용해 정보를 수집할까?

투자를 하는 데 있어 우선적으로 체크해야 할 것이 경제와 시세 관련 뉴스입니다. 생성형 AI는 텍스트 정보 정리에 적합한 서비스이기 때문에 이를 정보 수집에 사용하고 싶을 수도 있습니다. 이번 절에서는 그 방법에 관해 설명합니다. 하지만 그 전에 주의해야 할 점이 있습니다.

우선 기억해 둬야 할 것은 사용하는 AI에 따라 결과가 달라진다는 점입니다. 최신 정보를 얻는데 적합한 AI와 적합하지 않은 AI가 있으므로 목적에 맞춰 AI를 선택해야 합니다. 예를 들어 네트워크에 연결할 수 없는 AI를 사용하면 최신 정보를 얻을 수 없으므로 사용하지 않는 것이 좋습니다.

그리고 생성형 AI는 하루가 다르게 그 성능이 향상되고 있습니다. 이 책의 집필 시점에서는 최신 정보 수집에 적합하지 않다고 판단한 AI라도 이후에 뛰어난 성능을 발휘할 가능성이 있습니다. 사용 전에 궁금한 AI의 성능을 직접 확인해 볼 것을 권장합니다.

구체적인 예를 들어보면, 이 책의 집필 시점에서는 Claude 3과 ChatGPT의 무료 플랜은 네트워크 정보에 접근할 수 없으므로 최신 정보 수집에 사용할 수 없습니다. 유료 플랜인 ChatGPT Plus는 'Browsing(브라우징)'이라는 키워드를 추가하면 네트워크 정보를 참조하는 빈도가 높아지지만, 뉴스 소스를 지정해도 참조하지 못하기도 합니다. 따라서 ChatGPT만 사용해서는 최신 뉴스 수집에 적합하지 않다고 할 수 있습니다.

한편 Copilot은 특별한 조치를 하지 않더라도 검색 결과에서 적절한 대답을 만들어 주기 때문에, 최신 뉴스 수집에 적합하다고 생각됩니다. 단, Copilot에는 'Creative(크리에이티브), 'Balanced(밸런스)', 'Robust(엄밀)'라는 답변 모드가 세 가지 있으며 모드에 따라 대답의 길이나 정확성이 달라집니다. 최신 뉴스를 수집할 때는 '엄밀' 또는 '크리에이티브' 모드가 적절하며 '밸런스'에서는 잘못된 결과가 출력되기도 하므로 주의해야 합니다. 그리고 Gemini는 오래된 정보를 제공할 때가 많으므로 최신 정보 수집에는 그다지 적합하지 않다고 생각됩니다.

이러한 특징에 따라 현 시점에서 최신 정보를 수집할 때는 Copilot의 '엄밀' 모드를 사용하는 것이 가장 적합할 것입니다. 단, AI의 성능은 하루가 다르게 향상되고 있으므로 정기적으로 직접 성능을 확인하고, 가장 적합한 AI를 선택해야 합니다.

▌특정 분야의 정보 수집

그럼 실제로 정보를 수집해 봅시다. 정보 카테고리 등을 지정하면 효율적으로 뉴스를 수집할 수 있습니다. 여기에서는 Copilot을 사용해 뉴스를 찾는 방법을 소개합니다. 먼저 단순한 지시를 포함한 프롬프트로 시작합니다. 실제로 뉴스를 검색하고 싶을 때는 뉴스 사이트에서 검색하는 편이 간단하지만, 의도적으로 Copilot을 사용해 시도해 봅시다. 그리고 출력된 정보의 정확성은 보증할 수 없으므로, 표시된 세부 정보는 링크 등을 통해 확인할 수 있게 합니다.

 2024년 11월 15일자 매일경제 뉴스(웹 버전)에서 한국 주식 시장에 관한 뉴스 기사를 몇 가지 골라 주십시오.

 물론입니다! 최근 한국 주식 시장에 대한 주요 내용들을 요약해 드릴게요:
- **주가 변동**: 한국 주식 시장은 최근 금융기관, 반도체 및 제조업체 주식의 주가가 상승했다는 뉴스가 있었습니다.
- **정부 정책**: 정부는 재정 정책을 통해 경제 활성화를 도모하고 있으며, 이는 주식 시장에 긍정적인 영향을 미치고 있습니다.
- **외국인 투자자**: 외국인 투자자들이 한국 주식 시장에 더 많이 투자하고 있으며, 이는 시장의 투명성과 안정성을 높이고 있습니다.
- **기업 실적**: 주요 기업들의 실적 발표가 있으며, 이는 시장에 큰 영향을 미치고 있습니다.

COLUMN

정보 소스의 지정

프롬프트에 '매일경제 뉴스(웹 버전)'처럼 정보 소스를 지정하더라도 Copilot이 다른 웹사이트를 정보 소스로 사용해 뉴스를 찾기도 합니다. 정보의 카테고리 등에 따라 AI가 독자적으로 판단하기 때문입니다. 또한 프롬프트가 동일하더라도 실행 시점에 따라 정보 소스가 바뀌기도 합니다.

대화를 이어가며 관련 정보 묻기

앞의 예시에서는 한국 주식 시장의 동향에 관해 물었습니다. 질문과 관련해 해외 주식 시장의 동향이나 다른 시점의 뉴스를 확인하고 싶을 수도 있습니다. 이럴 때는 대화를 계속해서 다음과 같이 두 번째, 세 번째 프롬프트를 추가해 정보를 수집할 수도 있습니다.

> **사용자** 한국 이외의 시장은 어떻습니까?

이렇게 질문하면 미국 시장의 NY 다우지수나 S&P500 지표, 중국 상하이 지수, 유럽 유로스톡 50지수, 홍콩 한센 지수 등의 동향을 알려 줍니다. 단, 세부적인 움직임을 알고 싶다면 전용 사이트 등에 접속하는 것이 좋습니다.

> **사용자** 주식 외에 글로벌 경제 상황을 시시하는 주요한 뉴스가 있습니까?

이 질문에 대해서는 Finantial Times, Wall Street Jounal 등의 정보 소스에서 뉴스 개요를 알 수 있습니다. 자세한 내용은 대답에 포함된 링크를 통해 실제 뉴스에서 확인할 수 있습니다. 링크가 영어로 작성된 웹 페이지라면 'DeepL' 등을 사용해 한국어로 번역해서 편리하게 확인할 수 있습니다(5-1 참조).

기간을 지정해 핀 포인트로 정보 확인

투자를 할 때 KOSPI200지수 등의 정보를 참조하는 사람도 있을 것입니다. KOSPI는 한국의 대표적인 주가 지수 중 하나로 주식 시장 전체의 추세를 보기 위한 지표입니다. Copilot를 사용하면 이 지수 정보도 간단하게 조사할 수 있습니다. 예를 들면 기간을 지정해 날짜별 KOSPI 종가 등을 열거할 수 있습니다.

사용자 2024년 11월 11일부터 2024년 11월 15일까지, KOSPI 200 종가를 알려주십시오.

 AI 2024년 11월 11일부터 15일까지의 KOSPI 200 종가를 확인해 본 결과, 다음과 같습니다:

- 11월 11일: 347.08
- 11월 12일: 347.17
- 11월 13일: 351.79
- 11월 14일: 349.16
- 11월 15일: 349.16

또는 다음과 같이 개별 종목의 주가도 선택해서 확인할 수 있습니다. 필요에 따라 조사하는 것도 좋습니다.

 사용자 2024년 11월 11일부터 2024년 11월 15일까지, 삼성전자 주가의 종가를 알려주십시오.

 AI 다음은 2024년 11월 11일부터 15일까지 삼성전자 주가의 종가입니다:

- 11월 11일: 49,900원
- 11월 12일: 49,900원
- 11월 13일: 49,900원
- 11월 14일: 49,900원
- 11월 15일: 53,500원

11월 15일에는 삼성전자가 7.21% 상승하며 53,500원으로 마감했습니다. 하지만 일부 보도에서는 같은 날 삼성전자의 종가가 40,000원대였다고 전하기도 했습니다2. 따라서 보다 정확한 데이터를 확인하려면 Investing.com과 같은 금융 데이터 제공 사이트를 참고하시는 것이 좋겠습니다.

기간을 길게 지정한 질문은 출력까지 시간이 많이 걸리거나, 의도한 내용의 대답이 오지 않기도 합니다. 어디까지나 주 단위 정보를 기준으로 하고 그보다 긴 기간의 정보가 필요할 때는 주식 정보 사이트 등에서 직접 확인하는 것이 좋습니다.

COLUMN

주가 지수를 이끄는 종목에 주의

닛케이 평균 지수는 2024년 2월 22일 버블기의 최고치(3만 8915엔)를 갱신했고, 3월 4일에는 이윽고 4만엔대를 돌파했습니다. 열기는 아직 식지 않은 것으로 보이지만 그렇다고 해서 모든 구성 종목의 주가가 오른 것은 아닙니다. 주가 지수를 이끄는 종목은 실적이 좋은 업계들이 중심에 있습니다. 현재 미국과 일본 모두 반도체 관련 종목이 주역이므로 이 업계들의 동향에 주의하는 것도 좋을 것입니다.

▌관심이 가는 업계의 경기 동향 조사

특정 업계에 관심이 있다면 해당 업계의 경기 동향을 조사할 수도 있습니다. 상세한 정보는 최종적으로 직접 조사하는 것이 좋지만, 대략적인 동향을 파악하기에는 적합합니다.

 대한민국 반도체 업계의 경기 동향에 관해 알려주십시오.

 대한민국 반도체 업계는 지속적으로 성장하고 있습니다. 최근 몇 가지 주목할 만한 동향을 소개해 드릴게요:
- **반도체 수입 감소**: 최근 반도체 수입이 크게 줄어들고 있습니다. 이는 반도체 공급 체인 문제와 관련이 있습니다.
- **반도체 수출 증가**: 반면, 반도체 수출은 계속해서 증가하고 있습니다. 특히, 2023년 11월, 반도체 수출이 1년 동안 1조 원을 돌파했다는 기록이 있습니다.
- **정부 지원**: 정부는 반도체 산업을 지원하기 위해 다양한 정책을 시행하고 있습니다. 예를 들어, 반도체 산업 지원법이 제정되었고, 이 법은 2024년 1월부터 시행될 예정입니다.
- **기술 혁신**: 대한민국의 반도체 기업들은 지속적으로 기술 혁신을 이루고 있습니다. 특히, 3nm 공정 기술 개발이 주목받고 있습니다.

이번 예시에서는 대한민국의 반도체 업계에 관해 간단하게 질문했지만, 이제는 모든 산업 분야가 글로벌하게 전개되고 있습니다. 세계 각지의 동종 기업들은 서로 영향을 주고받기 때문에, 대한민국의 동향뿐만 아니라 전세계를 대상으로 질문하는 것이 더 좋습니다. 예를 들어 '글로벌 반도체 관련 업계의 업계 재편이 대한민국의 반도체 업계에 미치는 영향에 관해 분석해 주십시오' 같이 질문하면 공급망과 지정학적 리스크 등의 측면에서 다각적인 정보를 제공해 줍니다.

대답이 영어로 되돌아온다면?

종종 생성형 AI가 영어로 대답할 때가 있습니다. 그때는 '한국어로 대답해 주십시오' 같은 프롬프트를 입력하면, 대부분의 AI에서는 한국어로 대답합니다. ChatGPT의 한국어 대답은 매우 읽기 쉽고, 번역 누락도 거의 없습니다. 이 책에서도 생성형 AI가 영어로 대답한 경우, 특별히 주석을 추가하지 않고 한국어로 번역 결과를 기재했습니다.

2-2 'Stock Hint!'로 주식 정보 완전 수집! 과연 그 실력은?

POINT

❶ 'Stock Hint!(일본 주식 GPTs)'를 사용해 주가 동향이나 기업 정보를 확인한다.

❷ 기업의 재무구조와 투자 리스크를 평가할 수 있다.

❸ 주가 차트와 랭킹을 표시할 수 있다.

'Stock Hint!'로 기업의 다양한 정보 조사

Copilot은 대략적인 경제/투자 관련 뉴스를 조사하는 데 적합하지만, 주식 관련 상세 정보나 펀더멘털 등의 분석에는 적합하지 않습니다. 여기에서는 GPTs(커스텀 GPT)인 'Stock Hint!'를 사용합니다. 일본 주식과 미국 주식 정보 표시, 종목 분석 등을 할 수 있습니다. 먼저 ChatGPT에 'Stock Hint!'를 추가합니다. 구체적인 순서는 12쪽, 'GPTs 검색 방법'을 참조해 주십시오.

일본 주식 GPT

개발자: YOSHIFUMI MARUKO
URL: https://chatgpt.com/g/g-Nk5NqhlRk-zhu-sutotukuhinto

▲ 'Stock Hint!'를 추가하고 챗 화면으로 전환했다면 프롬프트를 입력한다. GPTs의 기본적인 사용 방법은 일반 ChatGPT와 같다.

종목 기본 정보 조사

'Stock Hint!'는 주식과 관련된 다양한 정보를 제공합니다. 먼저 관심을 가진 종목의 주가 동향과 기업 정보를 조사해 봅시다. 프롬프트에 종목명을 지시하는 것만으로 자세한 정보를 얻을 수 있습니다. 일본 주식, 미국 주식은 물론 한국 주식에도 대응하고 있으므로 투자를 검토하고 있는 종목에 관해 조사해 보는 것도 좋을 것입니다.

 TLSA

 테슬라(TSLA)는 미국의 전기차 및 청정 에너지 기업으로, 최근 주가가 상승세를 보이고 있습니다.

주요 뉴스
- **주가 목표 상향**: Wedbush의 애널리스트 Dan Ives는 테슬라의 자율주행 및 인공지능 분야의 발전을 이유로 주가 목표를 $515로 상향 조정했습니다.
- **중국 내 수요 증가**: 최근 중국에서의 테슬라 차량 보험 등록이 증가하여 수요가 회복되고 있음을 나타냅니다.
- **자율주행 기술**: 테슬라는 완전 자율주행 기술 개발에 박차를 가하고 있으며, 새로운 행정부의 정책이 이러한 기술 발전에 긍정적인 영향을 미칠 것으로 예상됩니다.

재무 지표
- **시가총액**: 약 $1조 달러
- **주가수익비율(P/E)**: 약 112.98
- **매출 성장률**: 전년 대비 약 3.49% 증가

투자자 동향
최근 테슬라 주가는 자율주행 기술 및 인공지능 분야의 발전에 대한 기대감으로 상승세를 보이고 있습니다. 그러나 일부 애널리스트들은 기술적 과제와 규제 승인 등의 어려움을 지적하며 신중한 접근을 권고하고 있습니다.

하지만 프롬프트에 기업명만 제시하면 제공되는 정보 내용에는 오류가 발생하기 쉽습니다. 특정 정보가 필요할 때는 'TESLA의 업무 내용에 관해 알려 주십시오' 등으로 구체적인 지시를 하는 것이 좋습니다.

COLUMN

종목 코드로 조사

주식에 관한 정보를 조사할 때는 상장 주식에 할당된 종목 코드를 입력해 질문할 수 있습니다. 기업명이 길어 입력이 어려울 때는 '12345' 방식으로 입력해 간단하게 확인할 수 있습니다.

기업 재무구조 등을 분석

투자 초보자의 경우 기업의 자세한 업무 내용과 재무구조 등을 해석하는 것은 상당히 어려운 일입니다. 'Stock Hint!'에서는 기업 재무 상황과 실적 상황 데이터에 기반한 업무 분석을 할 수 있습니다.

 사용자 엔비디아(NVDA)에 대한 펀더멘털 분석을 수행하십시오.

 AI 엔비디아(NVIDIA)는 그래픽 처리 장치(GPU)와 인공지능(AI) 컴퓨팅 분야에서 선도적인 역할을 하는 글로벌 기술 기업입니다. 다음은 엔비디아의 펀더멘털 분석을 통해 주요 재무 지표와 사업 현황을 정리한 내용입니다.

주요 재무 지표
- **시가총액**: 약 1조 달러
- **주가수익비율(P/E)**: 약 49배
- **매출 성장률**: 최근 5년간 연평균 약 22.7% 성장
- **주당순이익(EPS) 성장률**: 최근 5년간 연평균 약 8.6% 성장
- **부채비율**: 안정적인 수준으로 평가됨

사업 부문 및 매출 구성
엔비디아의 주요 사업 부문은 다음과 같습니다:
- **데이터 센터**: AI 및 데이터 분석을 위한 고성능 컴퓨팅 솔루션 제공
- **게이밍**: 게임용 GPU 및 관련 소프트웨어 판매
- **프로페셔널 비주얼라이제이션**: 전문가용 그래픽 솔루션 제공
- **자동차**: 자율주행 및 차량 인포테인먼트 시스템 개발
- **OEM 및 기타**: 기타 맞춤형 솔루션 제공

2023 회계연도 기준, 데이터 센터 부문이 전체 매출의 56%를 차지하며 가장 큰 비중을 보였습니다.

최근 실적 및 전망
엔비디아는 최근 분기 실적에서 매출과 이익 모두 시장 기대치를 상회하는 성과를 기록했습니다. 특히 AI 및 데이터 센터 분야에서의 수요 증가가 실적 향상의 주요 요인으로 작용하고 있습니다. 또한, 자율주행 기술과 메타버스 관련 솔루션 개발을 통해 새로운 성장 동력을 확보하고 있습니다.
(이하 생략)

대답 내용을 바탕으로 투자 리스크 유무에 관해 문의할 수도 있습니다.

 사용자 투자 리스크가 있습니까?

네, 엔비디아(NVIDIA)에 투자할 때 주의해야 할 리스크 요소는 다음과 같습니다.

높은 밸류에이션 리스크

주가수익비율(P/E)
엔비디아의 P/E는 약 **49배**로, 시장 평균이나 동종업계 기업들(예: AMD, 인텔)에 비해 높은 수준입니다.
이는 투자자들이 엔비디아의 미래 성장을 강하게 기대하고 있다는 뜻이지만, 만약 **실적이 시장의 기대를 충족하지 못하면 주가 조정**이 발생할 수 있습니다.

경쟁 심화

엔비디아는 GPU 시장에서 선두 기업이지만, **AMD**와의 경쟁이 심화되고 있습니다. AMD는 가격 경쟁력을 무기로 시장 점유율을 확대 중입니다.
또한 **인텔**도 GPU 및 데이터 센터 분야에 본격적으로 진출하면서 엔비디아의 지배력이 위협받고 있습니다.
신기술 개발과 **제품 혁신**을 이어가지 못하면 경쟁에서 뒤처질 가능성이 있습니다.

중국 및 지정학적 리스크

엔비디아는 중국 시장에 상당한 의존도를 보이고 있습니다. 하지만 미국과 중국 간의 **무역 긴장**이나 **수출 규제**로 인해 엔비디아의 고성능 GPU 수출이 제한될 수 있습니다.
(이하 생략)

▌미국 주식 정보는 티커 심볼로 조사

미국 주식 정보를 조사할 때는 '티커 심볼(Ticker Symbol)'이라 불리는 종목 식별 코드를 입력하는 것이 좋습니다. 코드 문자열만 입력하면 블룸버그 등의 정보 소스로부터 주가 정보나 관련 지표를 표시해 줍니다. 여기에서는 예시로 ASML 홀딩스(티커 심볼 'ASML')의 정보를 표시하게 했습니다.

 ASML

 ASML은 반도체 산업에서 핵심적인 리소그래피 장비를 공급하는 네덜란드 기반의 선도 기업입니다. 다음은 ASML의 펀더멘털 분석을 통해 주요 재무 지표와 최근 동향을 정리한 내용입니다.

주요 재무 지표
- **시가총액**: 약 2,770억 달러
- **주가수익비율(P/E)**: 약 33배
- **매출 성장률**: 2023년 매출은 275억 6,000만 유로로, 전년 대비 14% 증가
- **순이익**: 2023년 순이익은 78억 4,000만 유로로, 전년 대비 39% 증가
- **영업이익률**: 약 30.72%
- **부채비율**: 29.05%로, 안정적인 재무 구조 유지

사업 부문 및 매출 구성

ASML은 반도체 제조에 필수적인 극자외선(EUV) 및 심자외선(DUV) 리소그래피 장비를 독점적으로 공급하며, 주요 고객으로는 TSMC, 삼성전자, 인텔 등이 있습니다.

최근 실적 및 전망

- **2024년 3분기 실적**: 매출 74억 6,730만 유로, 순이익 20억 7,650만 유로로, 시장 예상치를 상회하는 성과를 기록했습니다.
- **2025년 전망**: ASML은 2025년 매출을 300억~350억 유로로 예상하고 있으며, 이는 이전 전망치보다 다소 하향 조정된 수치입니다.
- **2030년 장기 목표**: AI 및 고성능 컴퓨팅 수요 증가에 힘입어, 2030년 매출을 440억~600억 유로로 전망하고 있습니다.

(이하 생략)

COLUMN

티커 심볼 확인 방법

미국 주식의 티커 심볼은 증권회사 홈페이지 등에 개제되어 있습니다. 영문 기업명의 머리글자로 시작하는 경우가 많습니다. 조사하고 싶은 기업의 코드를 확인해 봅시다.

All Stock Symbols

5506 Stocks

Symbol ^	Company Name	Industry	Market Cap
A	Agilent Technologies, Inc.	Diagnostics & Research	39.26B
AA	Alcoa Corporation	Aluminum	9.94B
AACG	ATA Creativity Global	Education & Training Services	27.85M
AACT	Ares Acquisition Corporation II	Shell Companies	683.13M
AADI	Aadi Bioscience, Inc.	Biotechnology	58.66M
AAL	American Airlines Group Inc.	Airlines	10.86B
AAM	AA Mission Acquisition Corp.	Shell Companies	442.82M
AAME	Atlantic American Corporation	Insurance - Life	30.60M
AAOI	Applied Optoelectronics, Inc.	Communication Equipment	1.58B
AAON	AAON, Inc.	Building Products & Equipment	10.95B
AAP	Advance Auto Parts, Inc.	Specialty Retail	2.61B
AAPL	Apple Inc.	Consumer Electronics	3,794.68B

▲ https://stockanalysis.com/stocks/에서 미국 주식의 티커 심볼을 제공하고 있다.

▌차트 링크를 한눈에 표시

일정 기간의 주가 추이는 차트에서 확인하는 것이 편리합니다. 하지만 직접 사이트를 돌아다니기는 번거롭습니다. 이럴 때는 차트 링크를 표시하게 하면 편리할 것입니다. 링크를 클릭하는 것만으로 해당 차트 페이지로 이동하게 할 수 있습니다. 다음 예에서는 [source] 부분에 차트 링크가 표시됩니다.

> **사용자** 9501 주가 차트의 링크를 모아서 표시해 주십시오.

> **AI** 도쿄전력홀딩스(9501)의 주가 차트를 확인할 수 있는 주요 웹사이트는 다음과 같습니다:
> - **TradingView**: 도쿄전력홀딩스의 실시간 주가 차트와 기술적 분석 도구를 제공합니다.[source]
> - **Investing.com**: 도쿄전력 주식의 실시간 차트와 다양한 기술적 지표를 활용한 분석이 가능합니다.[source]
> - **Google Finance**: 도쿄전력홀딩스의 주가 변동과 과거 데이터를 시각적으로 확인할 수 있습니다.[source]
>
> 이러한 사이트들을 통해 도쿄전력홀딩스의 주가 흐름을 상세히 분석하실 수 있습니다.

COLUMN

주가 추이를 표로 만들기

주가 추이를 차트가 아니라 표로 확인하고 싶을 때는 프롬프트에 '[종목 코드]의 주가 추이를 표로 만들어 주십시오'와 같이 지시합니다. 예를 들면 '6920의 최근 5영업일 주가 추이를 표로 만들어 주십시오'라고 입력합니다. 그러면 다음 표와 같이 해당 종목의 주가 추이를 표로 출력해 줍니다.

도쿄전력홀딩스(종목 코드: 9501)의 2024년 11월 11일부터 11월 15일까지의 주가 추이는 다음과 같습니다:

날짜	시가(JPY)	고가(JPY)	저가(JPY)	종가(JPY)	거래량(주)
2024-11-11	609.1	610.4	590.6	591.5	26,300,000
2024-11-12	590.0	593.0	571.8	573.0	24,970,000
2024-11-13	563.6	574.9	556.7	565.7	25,060,000
2024-11-14	575.7	591.2	572.0	580.6	24,400,000
2024-11-15	582.0	594.8	576.5	584.4	17,070,000

다양한 순위로 주식 찾기

주식 투자를 할 때 주가 상승에 따른 수익뿐 아니라 배당 이익을 중시하는 사람도 있습니다. 주식 정보 사이트를 일일이 접속하여 배당 이익을 확인할 수 있지만 'Stock Hint!'를 사용하면 간단한 질문으로 고배당 종목을 효율적으로 찾아낼 수 있습니다. 일본 주식이라면 5% 초반, 미국 주식이라면 9% 초반인 종목도 있으므로 투자 대상을 선택할 때 참고하면 좋습니다.

 일본 주식 중 고배당주 상위 5개를 알려 주십시오.

 일본 주식 시장에서 배당수익률이 높은 상위 5개 기업은 다음과 같습니다.

순위	기업명	티커 코드	배당수익률(%)	주요 사업 분야
1	상선미쓰이	9104	17.4	해운업
2	일본우선	9101	19.8	해운업
3	NS유나이티드해운	9110	9.1	해운업
4	건기선	9308	8.65	해운업
5	미쓰이마쓰시마 HD	1518	9.9	에너지

참고: 위의 배당수익률은 2023년 2월 기준이며, 시장 상황에 따라 변동될 수 있습니다.

순위는 이익뿐만 아니라 다음 프롬프트처럼 다양한 지표로 나타낼 수 있습니다. 다양한 입장에서 찾아보면 감춰진 보물 같은 종목을 찾아낼지도 모릅니다.

 당기순이익 상위 10개 종목을 알려 주십시오.

 2024년 3월 결산 기준으로 일본 기업 중 당기순이익 상위 10개 기업은 다음과 같습니다.

순위	기업명	당기순이익(억 엔)	주요 사업 분야
1	도요타 자동차	2,500	자동차 제조
2	소니 그룹	1,200	전자 및 엔터테인먼트
3	미쓰비시 UFJ	1,100	금융그룹
4	NTT 도코모	1,000	통신
5	미쓰비시상사	950	종합상사
6	미쓰이 물산	900	종합상사
7	일본 우정	850	금융 및 물류
8	혼다	800	자동차 및 오토바이 제조
9	소프트뱅크 그룹	750	통신 및 투자
10	스미토모 상사	700	종합상사

참고: 위의 데이터는 2024년 3월 기준이며, 각 기업의 IR 자료 및 야후 재팬 파이낸셜 사이트를 참고하였습니다.

2-3 반드시 알아두자!
생성형 AI로 영어 뉴스 읽기

POINT

❶ Copilot을 사용해 영어 뉴스 사이트를 요약한다.
❷ 특정 카테고리의 영어 기사를 요약한다.
❸ Edge에서 개발 기사를 효율적으로 요약한다.

영어 뉴스는 Copilot을 사용해 요약하자

투자에서 성공하려면 정확한 정보를 신속하게 입수해야만 합니다. 세계 경제가 글로벌화 되면서 해외 동향이 국내 시장에 큰 영향을 미치는 것 또한 자연스러워졌습니다. 해외 정보는 한국(일본)에서 투자하는 투자자에게 매우 중요한 역할을 합니다. 하지만 해외 정보를 얻는 데는 몇 가지 장벽이 있습니다. 일부 정보는 한국어(일본어)로 번역돼 한국어 뉴스 사이트에 게재되지만, 번역 후 업로드까지 시간 차가 발생합니다. 그리고 모든 해외 정보가 한국어로 번역되지는 않으므로 중요한 정보가 누락되기도 합니다. 또한 한국어 뉴스 사이트 운영자의 지식 부족이나 편향에 의해 소개된 뉴스에서 오해가 발생할 수도 있습니다.

따라서 정확한 해외 정보를 신속하게 얻으려면 직접 영어 뉴스를 읽는 것이 가장 좋은 방법입니다. 투자에서는 다른 사람과 같은 정보를 갖게 되면, 그 판단 역시 비슷해집니다. 따라서 다른 사람과 차별화된 정보를 얻기 위해 영어 뉴스 사이트를 확인할 필요가 있습니다.

하지만 영어 기사를 원문 그대로 읽으려면 영어 실력이 상당해야 합니다. 영어에 자신이 없는 사람에게는 상당히 높은 벽으로 느껴질 것입니다. DeepL 등의 번역 애플리케이션을 사용해 하나하나 한국어로 번역하는 방법도 있지만(5-1 참조) 여기에서는 한층 간단한 방법을 소개합니다.

그것은 바로 생성형 AI를 활용해 영어 기사를 한국어로 번역한 뒤 요약까지 하도록 하는 방법입니다. 이 용도에는 Copilot이 가장 적합합니다. Copilot은 고도의 자연 언어 처리 능력을 가진 생성형 AI로, 영어 기사를 정확하게 한국어로 번역할 수 있습니다. 또한 기사 요점을 적확하게 추출하고, 간결하게 정리할 수도 있습니다.

Copilot을 사용하면 영어 기사를 읽기 위해 높은 영어 실력이 필요하지 않습니다. Copilot이 번역과 요약을 해주기 때문에, 영어에 자신 없는 사람이라도 해외 정보를 간단하게 손에 넣을 수 있습니다. 이를 통해 다른 사람과는 다른 관점에서 투자를 할 수 있게 되는 것입니다.

먼저 뉴스 사이트의 URL을 지정해 주요 뉴스를 모으도록 합니다. 다음 예를 참조하면 사이트 홈페이지를 적당하게 번역한 것처럼 보이기도 하지만, 영어 실력이 충분하지 않은 사람에게는 이것만으로도 큰 도움이 됩니다.

 다음 URL에서 주요 뉴스를 선택해 요약해 주십시오.
https://edition.cnn.com/business

 CNN Business에서 최근 보도된 주요 뉴스들을 요약해 드리겠습니다:

- 트럼프의 경제 정책과 소비자 물가 CNN은 최근 트럼프 대통령이 주장한 식료품 가격 하락이 실제로 정부 데이터에서 확인되었다고 보도했습니다. 4월 소비자물가지수(CPI)에 따르면 식료품 가격이 0.4% 하락했으며, 특히 계란 가격이 12.7% 급락했습니다.
- 미국 내 제조업 실험 한 사업가가 중국에서 제조된 샤워 헤드를 미국에서 생산할 경우 소비자들이 더 높은 가격을 지불할 의향이 있는지를 실험했습니다. CNN은 이 실험 결과가 예상과 다르게 나타났다고 보도했습니다.
- CNN 기자의 논란 CNN의 유명 기자인 제이크 태퍼가 바이든 대통령 관련 책을 출간하면서 논란이 발생했습니다. 일부에서는 그가 바이든의 건강 문제를 의도적으로 무시했다는 비판을 제기하고 있습니다.
- 중동 지역의 경제 뉴스 아랍에미리트에서 디르함 기반 스테이블코인 출시 계획이 발표되었으며, 두바이에 새로운 트럼프 타워가 건설될 예정입니다. 또한 아람코와 시노펙 간 40억 달러 규모의 계약이 체결되었습니다.

요약 결과는 간략하게 사용할 수 있슨 수준이지만, 링크가 함께 제공되지 않아 자세한 내용을 알 수 없다는 점이 아쉬울 수 있습니다. 더 자세히 알고 싶을 때는 뉴스 사이트에서 알고 싶은 정보가 포함된 페이지를 특정한 뒤 번역해서 읽거나, 일반적인 키워드 검색을 사용하는 것이 확실할 것입니다. 생성형 AI를 무리하게 사용하면 오래된 정보가 뒤섞일 가능성이 높아집니다.

생성형 AI를 사용하는 것 자체가 목적이 아니라, 투자 정보 수집이 주요한 목적이기 때문에 적절하게 사용하기 어려울 때는 생성형 AI가 아닌 다른 방법을 사용하는 것이 좋습니다.

▌특정한 카테고리의 기사 요약

물론 특정 카테고리의 뉴스를 요약하게 할 수도 있습니다. 프롬프트에 영어 사이트의 URL을 지정하고, '금융 관련 뉴스를 찾아 요약해 주십시오'와 같이 지시하면 됩니다.

 다음 URL에서 금융 관련 아티클을 찾아 요약해 주십시오.
https://www.bbc.com

 BBC의 금융 관련 최신 기사들을 조사해 보았습니다. 주요 내용을 요약해 드리겠습니다:

- 미국과 중국 간 무역 협상 최근 미국과 중국이 관세를 일부 완화하는 협정을 체결하면서 글로벌 시장이 긍정적인 반응을 보이고 있습니다. 이에 따라 주요 주식 시장이 상승세를 보였으며, 전문가들은 이번 협상이 장기적인 무역 갈등 완화로 이어질지 주목하고 있습니다.
- 영국 경제 성장률 영국 경제가 예상보다 빠르게 성장하고 있다는 보고가 나왔습니다. 2025년 1분기 GDP 성장률이 예측치를 초과하면서, 경제 전문가들은 영국이 경기 침체에서 벗어나고 있다고 분석하고 있습니다.
- 암호화폐 및 사이버 보안 주요 암호화폐 거래소인 Coinbase가 사이버 공격으로 인해 최대 4억 달러의 손실을 입을 가능성이 있다는 보도가 나왔습니다. 해커들이 내부 직원에게 금전적 보상을 제공하며 고객 정보를 탈취한 것으로 알려졌습니다.
- 소비자 금융 및 개인 재정 최근 영국에서 금융 사기가 증가하고 있으며, 하루 평균 300만 파운드 이상의 피해가 발생하고 있다는 보고가 나왔습니다. 이에 따라 은행들은 의심스러운 결제에 대해 최대 4일간 보류할 수 있는 새로운 정책을 도입하고 있습니다.

COLUMN

한국어 버전의 뉴스가 검색 대상이 되었다면?

영어 뉴스 사이트 중 일부는 별도의 URL을 통해 한국어 버전을 운영하기도 합니다. CNN, BBC, Bloomberg, WSJ(Wall Street Journal) 등은 한국어 버전을 운영하고 있습니다. Copilot 에서는 원래 사이트의 URL을 지정해도 마음대로 한국어 버전을 검색 대상으로 하기도 합니다. 이럴 때는 '영어 버전에서'와 같이 지시하면 영어 버전의 기사가 검색 대상이 됩니다.

제목만 제공되는 유료 기사

최근에는 기사의 앞부분만 무료로 공개하고 계속 읽으려면 유료 회원 등록이 필요한 뉴스 사이트도 있습니다. 이런 사이트의 기사를 생성형 AI에게 요약하도록 지시하면 제목과 내용의 앞부분만 대답하기도 합니다.

개별 영어 기사 페이지를 효율적으로 요약

앞 페이지에서는 영어 뉴스 사이트의 홈페이지 URL을 지정하고, 주요 뉴스를 발췌 및 요약하게 했습니다. 이와 별도로 영어 기사를 개별적으로 요약하게 할 수도 있습니다. 이때도 개별 페이지의 URL을 지정하고 프롬프트에 지시하면 내용을 요약해 주지만, 이런 경우 상당히 대략적으로 요약하기 때문에 내용이 많은 페이지 등에는 적합하지 않습니다. 이때는 Microsoft Edge의 사이드바에서 제공되는 Copilot 패널을 사용해 봅시다. 이 패널에서는 '페이지 개요 생성하기' 기능을 사용할 수 있어, 긴 내용의 영문 기사도 효율적으로 요약할 수 있습니다.

❶ Microsoft Edge에서 페이지를 표시한다

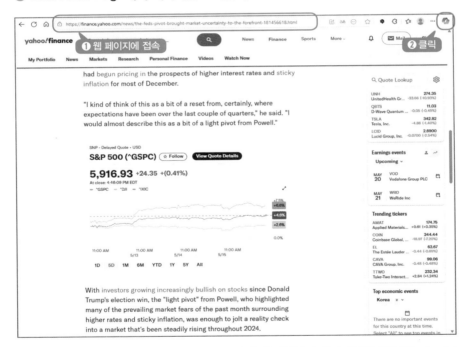

▲ Microsoft Edge에서 요약할 기사의 페이지를 열어놓은 상태에서, 화면 오른쪽 위에 있는 Copilot 아이콘을 클릭한다.

❷ 조작할 라벨을 선택한다

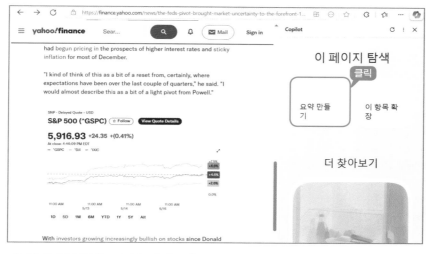

▲ 패널이 열리면 위쪽에 표시된 [요약 만들기]를 클릭한다.

❸ 조작 라벨이 표시되지 않는 경우에는 직접 지시한다

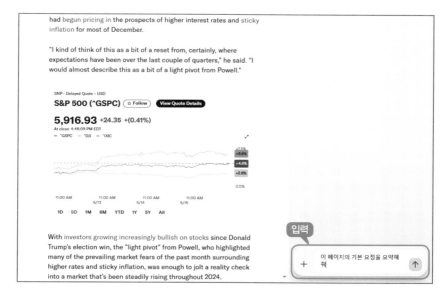

▲ 패널 위에 조작 라벨이 표시되지 않을 때는 아래쪽 프롬프트 입력 필드에 '이 페이지의 기본 요점을 요약해 줘' 등의 지시를 입력한 뒤 전송한다.

❹ 페이지 요약문이 생성된다

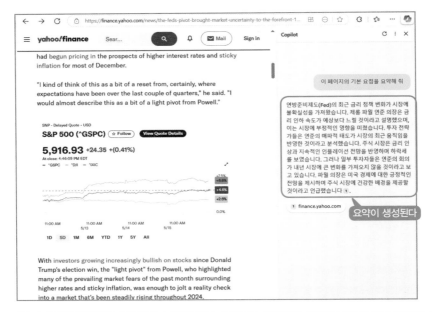

▲ 페이지 요약이 한국어로 생성된다. 기사에 따라 소제목을 붙이기도 하므로 내용을 쉽게 파악할 수 있다.

COLUMN

요약 기능을 사용할 수 없을 때는 설정을 확인

Copilot 패널의 요약 기능은 설정이 활성화돼있지 않으면 실행할 수 없습니다. 만약 요약 기능을 사용할 수 없다면 설정을 확인하고 활성화로 변경합니다. 또한 요약 기능을 이용할 때는 대화가 페이지의 열람 데이터 Microsoft에 전송된다는 점에 주의해야 합니다.

▲ Microsoft Edge의 '설정' → '사이드바' → '앱 및 알림 설정/Copilot'의 'Copilot이 웹에서 컨텍스트 단서를 읽을 수 있도록 허용'을 On(활성화)으로 설정한다.

2-4 Gemini Advanced로 YouTube 투자 동영상 목록을 확보하자

POINT

❶ YouTube에는 투자 정보를 얻을 수 있는 동영상이 있다.
❷ Gemini Advanced를 사용하면 YouTube에서 검색할 수 있다.
❸ YouTube 동영상 내용에 기반한 조언을 얻을 수 있다.

YouTube의 투자 동영상에서 정보 얻기

투자에 관한 학습을 할 때 YouTube 동영상은 매우 중요한 리소스가 됩니다. YouTube 에는 막대한 양의 투자 관련 동영상이 있으며, 매일 새로운 정보가 추가되기 때문에 최신 정보를 얻을 수 있습니다. 그리고 YouTube의 동영상은 소리로 정보를 전달한다는 장점이 있습니다. 이동 중 또는 집안 일을 하면서도 쉽게 학습을 진행할 수 있는 것입니다. 또한 투자에 관해 잘 아는 사람 중에는 블로그나 SNS는 운영하지 않더라도 YouTube에 는 채널을 개설하고 있는 사람이 많습니다. 이런 전문가들의 지식을 직접 얻을 수 있다는 점도 YouTube만의 이점이라고 할 수 있습니다.

하지만 YouTube를 투자 학습에 활용하는 데에는 한 가지 문제점이 있습니다. 자신에게 맞는 동영상을 찾아내기 어렵다는 점입니다. YouTube의 검색 기능은 안타깝게도 성능이 좋지 않기 때문에, 동영상 제목에 포함된 키워드로 검색하더라도 원하는 내용의 동영상을 찾을 수 없기도 합니다.

그래서 이럴 때 활용할 툴이 바로 'Gemini Advanced'입니다. Gemini Advanced를 사용하면 상세한 조건으로 YouTube의 동영상을 검색할 수 있으며, Google 검색이나 YouTube 검색 필드를 사용하는 것보다 효율적입니다. Gemini Advanced를 사용하려면 'Google One'의 'AI 프리미엄' 플랜(월 29,000원)에 가입해야 합니다. 무료 버전의 Gemini로도 YouTube 동영상을 검색할 수는 있지만, 조건이 반영되지 않는 등 다소 불안정한 부분이 있습니다.

❶ 'Google One'에서 플랜을 선택한다

▲ 'Google One' 공식 사이트의 '플랜과 요금 설정' 페이지(http://one.goole.com/about/plans)에 접속한다. 플랜 목록에 있는 'AI 프리미엄'의 [업그레이드]를 클릭한다. 이 플랜은 1개월의 무료 테스트 기간을 제공한다.

❷ 정기 결제를 신청한다

▲ 신청 확인 화면이 표시된다. 지불 방법을 설정하고 [정기 결제]를 클릭한다. Google One 유료 플랜은 구독 서비스로, 해지하지 않으면 구독이 자동 갱신되므로 주의한다.

❸ Gemini에 접속한다

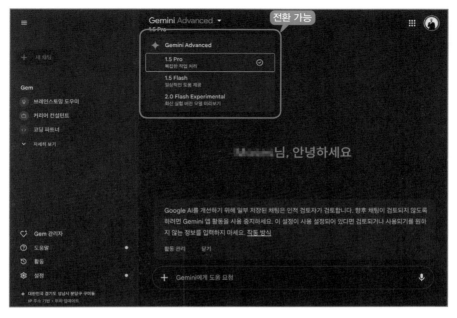

▲ Gemini에 접속하면 화면이 다크 모드가 되며, 위쪽 표시도 'Gemini Advanced'가 된다. 로고 부분을 클릭하면 일반 Gemini로 전환할 수도 있으므로 필요에 따라 나눠서 사용한다.

▌상세 조건으로 투자 동영상 검색

Gemini Advanced에서 YouTube 동영상을 검색하기 위해 프롬프트 필드에 연동 지시를 한 뒤, 조건을 입력해 검색을 실행합니다. 조건은 간단하게 항목 형식으로 표현해도 충분합니다. '투자 대상은 한국 주식', '트레이딩 기법을 학습하고 싶다'처럼 목적이나 투자 스타일 등에 맞춰 입력합니다. 프롬프트를 전송하면 자동으로 YouTube와 연동해 검색 결과를 출력합니다. 대답에는 동영상 제목이 목록으로 표시되며, 동영상 내용에 관한 간단한 설명이 포함됩니다.

❶ 검색 대상에서 YouTube를 선택한다

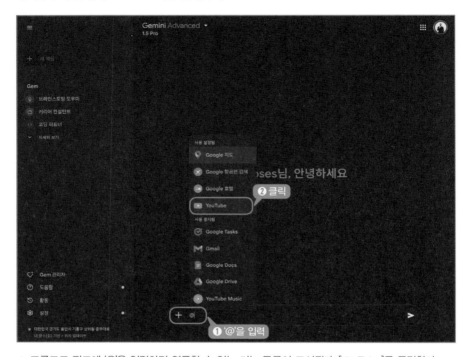

▲ 프롬프트 필드에 '@'을 입력하면 연동할 수 있는 기능 목록이 표시된다. [YouTube]를 클릭한다.

❷ 프롬프트에 조건을 입력한다

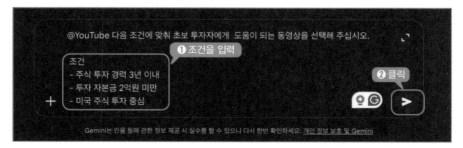

▲ 프롬프트 필드 입력의 말머리에 '@YouTube'가 추가됐다면, 이제 '다음 조건에 맞춰 초보 투자자에게 도움이 되는 동영상을 선택해 주십시오.'라고 입력한 뒤 조건을 항목별로 기술하고 전송 아이콘을 클릭한다.

▲ 프롬프트를 전송하면 잠시 후 YouTube 아이콘이 표시되고, 연동이 시작된다. 대답이 표시될 때까지 기다린다.

❸ 검색 결과가 표시된다

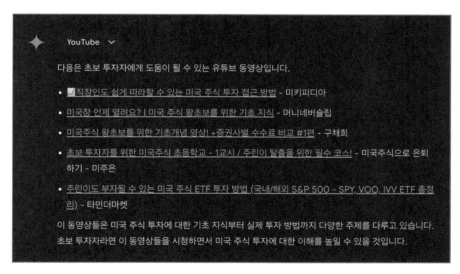

▲ 조건에 맞는 동영상을 대답해 준다. 먼저 동영상 제목 목록이 표시된다. 제목과 함께 간단한 설명이 표시되며, 동영상 제목을 클릭해 해당 동영상 페이지로 이동할 수 있다.

❹ 가장 아래쪽에는 동영상도 삽입해 준다

▲ 대답 결과 화면을 아래로 스크롤하면 답변 안에 각 동영상을 내장하여 표시해 준다. 썸네일을 클릭하면 Gemini 화면에서 미니 플레이어를 통해 동영상을 시청할 수 있다.

COLUMN

각 영상에 관한 조언 얻기

선택된 YouTube 영상들을 바탕으로 추가 질문을 할 수도 있습니다. 예를 들어, '이 동영상 중에 투자 자금 5,000만원을 가진 사람에게 적합한 동영상은 어떤 동영상입니까?'라고 프롬프트를 추가하면 각 영상의 특징과 포인트를 설명하면서 조언을 해줍니다. 특히, 초보자는 검색한 동영상의 제목만으로는 감이 안 올 때도 많기 때문에, 궁금한 점을 물어보고 조언을 받아보는 것도 좋습니다.

2-5 YouTube의 투자 관련 정보를 순식간에 완벽하게 체크하자!

❶ YouTube의 투자 정보를 빠르게 확인한다.
❷ YouTube 동영상을 Edge의 Copilot으로 요약한다.
❸ 확장 기능인 'Glasp'도 동영상을 요약할 수 있다.

Microsoft Edge를 사용해 동영상 내용을 텍스트로 요약하자

투자뿐만 아니라 동영상으로 정보를 얻고자 할 때 항상 문제가 되는 것이 '시간이 걸린다'는 점입니다. 30분짜리 동영상이라면 동영상 안의 정보를 얻는데 30분이 걸립니다. 2배속으로 영상을 시청한다 해도 15분이 걸립니다. 책이라면 훑어보거나 건너뛰며 읽을 수 있지만 동영상은 그런 방식으로 시청할 수 없습니다.

그래서 추천하는 방법이 생성형 AI를 사용해 동영상 내용을 텍스트로 요약하는 것입니다. Microsoft Edge의 사이드바에서 Copilot을 사용하면 소제목이나 타임 스탬프를 넣어 간단하고 효과적인 요약을 생성할 수 있습니다.

❶ Microsoft Edge로 동영상에 접속한다

▲ Microsoft Edge에서 YouTube에 접속한다. 요약하고 싶은 동영상을 표시하고, 사이드바의 Copilot 아이콘을 클릭한다.

❷ 동영상 요약 조건을 선택한다

▲ 사이드바에 Copilot 화면이 표시된다. 위쪽에 있는 [요약 만들기] 라벨을 클릭한다. 라벨이 표시되지 않을 때는 프롬프트 필드에 '이 동영상을 요약해 주십시오'라고 입력해서 지시한다.

❸ 대답을 출력하고 종료된다

▲ 생성된 요약에는 자동으로 소제목과 타임스탬프가 추가된다. 요약에 의문점이 있을 때는 관련 질문에 계속해서 설명하도록 할 수 있다. 또한 요약에 표시된 타임스탬프를 클릭해 재생 위치로 곧바로 이동할 수 있다.

▌영어 동영상도 한국어로 요약 가능

Microsoft Edge에서 Copilot을 사용하면 한국어 동영상은 물론이고, 영어 등 외국어로 만들어진 동영상을 한국어로 요약할 수도 있습니다. 예를 들면 미국 주식 투자에 흥미가 있는 경우, 이왕이면 미국인 분석가의 동영상을 참조하고 싶을 것입니다. 이럴 때 이 기능을 사용하면 간단하게 동영상 내용을 한국어로 이해할 수 있으므로 투자 지식 향상에 도움이 됩니다.

❶ Microsoft Edge로 영어 동영상에 접속한다

▲ Microsoft Edge에서 YouTube에 접속한다. 요약하고 싶은 영어 동영상을 선택하고 사이드바의 Copilot 아이콘을 클릭한다. 화면에 표시된 [요약 만들기] 라벨을 클릭한다.

❷ 요약이 한국어로 작성된다

▲ 동영상 내용을 한국어로 요약해 준다.

트랜스크립트(Transcript) 대응

모든 동영상을 대상으로 YouTube 동영상 요약 기능을 사용할 수 있는 것은 아닙니다. 요약할 수 있는 동영상은 '트랜스크립트(Transcript)'라 불리는 문자 쓰기 기능에 대응한 것으로 한정됩니다. 트랜스크립트 대응을 하지 않은 동영상에서 동영상 요약 기능을 실행하면 '비디오 요약은 제한된 사이트에서, 트랜스크립트에 대응한 비디오에서만 사용할 수 있습니다'라는 안내가 표시됩니다.

▎요약 내용을 파일로 저장

작성한 요약은 클립보드에 복사할 수 있습니다. 많은 투자 동영상을 요약한 뒤 나중에 학습하고자 할 때 파일로 저장해 두면 유용할 것입니다. 파일에 저장할 때는 타임스탬프와 링크는 포함되지 않고 텍스트만으로 구성됩니다.

❶ 결과에서 메시지 복사 아이콘을 클릭한다

▲ 대답 필드의 가장 아래쪽에 있는 복사 아이콘을 클릭하면 대답 내용을 클립보드에 저장할 수 있다.

요약 내용을 읽어주는 Edge

Edge의 Copilot을 사용한 동영상 요약은 읽기 기능도 지원합니다. 요약을 작성한 뒤 가장 아래쪽에 있는 스피커 아이콘을 클릭하면, 음성으로 요약 내용을 읽어 줍니다. 긴 문장을 눈으로 따라가는 것이 번거로울 때 활용할 수 있습니다.

▌Chrome 확장 기능을 사용해 요약

Chrome을 메인 브라우저로 항상 사용한다면 굳이 Edge를 사용하고 싶지 않을 수도 있습니다. 그럴 때는 Chrome의 확장 기능인 'Glasp'을 사용하여 YouTube 동영상을 요약할 수 있습니다. 간단한 조작만으로 ChatGPT와 연동할 수 있고, 한국어 동영상은 물론 영어 동영상도 요약할 수 있습니다. 사용하기 전 ChatGPT 로그인은 필수입니다.

❶ Glasp 설정을 연다

Glasp PDF & Web Highligher + YouTube Summary

개발사: glasp.co
URL: https://chromewebstore. google.com/detail/glasp-web- highlighter-pdf/blillmbchncajnhkjf dnincfndboieik

▲ Chrome 브라우저에서 Glasp을 설치한 뒤, Chrome 오른쪽 위의 [확장 기능] 아이콘을 클릭하고, Glasp 옆에 있는 [기타 옵션] 아이콘을 클릭한다. 표시된 항목에서 [옵션]을 클릭한다.

❷ 필요한 설정을 수행한다

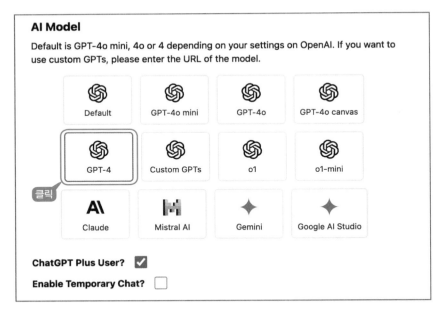

▲ Glasp 설정 화면이 표시된다. 'AI Model'은 ChatGPT 무료 버전을 사용한다면 기본값으로 놔둬도 된다. 유료 버전을 사용한다면 'GPT-4'를 선택하자.

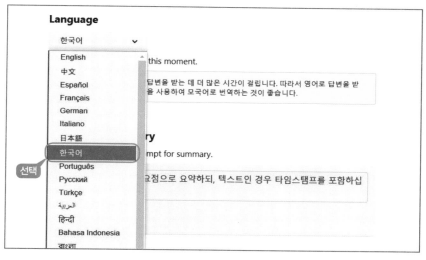

▲ AI 모델 설정 후 'Language' 풀다운 메뉴를 클릭하고 '한국어'를 선택한다.

❸ YouTube 동영상에 접속한다

▲ Glasp 설정을 마쳤다면 요약하고 싶은 YouTube 동영상을 표시한다. 오른쪽 위에 'Transcript & Summary'가 표시된다. 옆에 있는 ∨ 를 클릭한다.

❹ ChatGPT와 연동한다

▲ 동영상 안의 음성을 텍스트로 표시한 내용을 확인해 보자. 이 시점에서는 약간의 오탈자가 있어도 괜찮다. 위에 있는 ChatGPT 아이콘을 클릭한다.

❺ 동영상 요약이 표시된다

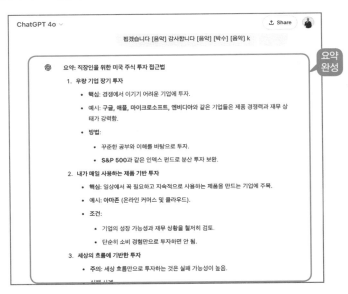

▲ 텍스트 데이터가 별도의 탭에서 ChatGPT 프롬프트에 전송되고, 요약된 내용이 대답으로 작성된다.

┃썸네일에서 빠르게 요약 작성

'Glasp'을 사용해 요약하면, 검색 결과 동영상 목록의 썸네일에서 원클릭으로 요약할 수도 있습니다. 일일이 개별 동영상 페이지를 열 필요가 없어 시간을 절약하고자 하는 사용자에게 추천하는 기능입니다.

❶ 썸네일 위에 마우스를 올린다

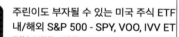

▲ 검색 결과나 동영상 목록에서 요약하고 싶은 동영상 썸네일 위에 마우스 커서를 올린다. ChatGPT 아이콘이 표시되면 해당 아이콘을 클릭한다.

➋ ChatGPT에 대답이 표시된다

요약: 직장인을 위한 미국 주식 투자 접근법

1. 우량 기업 장기 투자
   - **핵심**: 경쟁에서 이기기 어려운 기업에 투자.
   - **예시**: **구글, 애플, 마이크로소프트, 엔비디아**와 같은 기업들은 제품 경쟁력과 재무 상태가 강력함.
   - **방법**:
     - 꾸준한 공부와 이해를 바탕으로 투자.
     - **S&P 500**과 같은 인덱스 펀드로 분산 투자 보완.

2. 내가 매일 사용하는 제품 기반 투자
   - **핵심**: 일상에서 꼭 필요하고 지속적으로 사용하는 제품을 만드는 기업에 주목.
   - **예시**: **아마존** (온라인 커머스 및 클라우드).
   - **조건**:
     - 기업의 성장 가능성과 재무 상황을 철저히 검토.
     - 단순히 소비 경험만으로 투자하면 안 됨.

3. 세상의 흐름에 기반한 투자
   - **주의**: 세상 흐름만으로 투자하는 것은 실패 가능성이 높음.

▲ ChatGPT에 프롬프트가 전송되고 요약된 내용이 대답으로 작성된다. 이 방법을 사용하면 많은 양의 동영상도 빠르게 요약을 작성할 수 있다.

썸네일 요약을 할 때는 동영상 미리보기를 비활성화하기

'Glasp'으로 썸네일에서 요약을 바로 실행할 때는 동영상 미리보기 기능을 비활성화해야 합니다. 미리보기 기능이 활성화되어 있으면 요약 기능 실행을 위한 아이콘을 클릭할 수 없습니다. 썸네일 요약을 사용하고 싶을 때는 YouTube의 '설정' → '재생 및 실적' → '둘러보기'에서 '동영상 미리보기'를 OFF로 설정합니다.

03

GPTs로 일본 주식 정보를 수집하자

3-1

ChatGPT로 달라지는 결산 분석 방법, 이것으로 결정!

POINT

❶ '결산 분석 GPT'로 유가 증권 보고서를 분석한다.
❷ 기업의 성장 가능성과 재무건전성을 분석한다.
❸ 보도자료를 추가해 투자 판단을 재고찰한다.

유가 증권 보고서를 사용한 철저한 기업 분석

이번 장에서는 일본 주식을 대상으로 커스터마이징 된 GPT(GPTs)를 사용한 정보 분석 방법에 관해 소개합니다.

기업 실적 분석에서 반드시 필요한 것은 법률에 따라 의무적으로 작성해야 하는 유가 증권 보고서입니다. 기업 실적과 재무 상황을 자세히 기재한 문서이며, 전체적인 경영 상태를 파악할 수 있습니다. 하지만 초보 투자자가 결산 내용을 이해하기는 매우 어렵습니다. 이럴 때 활용할 수 있는 것이 '결산 분석 GPT'입니다. 결산 서류를 업로드 하면 내용을 자세하게 분석하고 다양한 팁을 알려줍니다.

> 결산 분석 GPT | 決算分析GPT
>
> 개발자: YUKI TAMURA
> URL: https://chatgpt.com/g/g-SbLGepHy3-jue-suan-fen-xi-gpt

결산 보고서 PDF 입수

먼저 기업이 투자자들을 위해 공개하는 결산 보고서를 입수합니다. 결산 보고서는 주로 PDF 형식으로 배포되며, 자사 사이트 내 IR 정보 페이지 등에서 공개됩니다. 이 책에서는 일본우정주식회사(日本郵政株式会社, 종목 코드: 6178)의 유가 증권 보고서를 다운로드해서 사용합니다.

❶ 기업 공식 사이트에서 IR 정보를 확인한다

▲ 일본우정주식회사의 유가 증권 보고서는 https://www.japanpost.jp/ir/library/security/에서 확인할 수 있다.

❷ 내용을 확인하고 다운로드한다

▲ 분석하고자 하는 유가 증권 보고서 PDF를 클릭하고 내용을 간략하게 확인한다. 미리보기 중 문제가 없다면 그대로 다운로드하면 된다.

유가 증권 보고서와 결산 단신의 차이는?

상장 기업에서는 IR 자료로 '결산 단신(決算短信)'도 공개합니다. 결산 단신은 결산 내용의 간략한 내용을 속보 형식으로 모은 것이며, 결산일로부터 원칙적으로 45일 이내에 게시됩니다. 한편 유가 증권 보고서는 결산일로부터 3개월 이내에 의무적으로 게시해야 하는 감사 완료 서류입니다. 유가 증권 보고서가 보다 광범위하고 자세한 내용을 담고 있습니다. 정확도가 높은 분석을 위해서는 유가 증권 보고서를 사용하는 것이 적합합니다.

┃PDF 업로드 후 분석

❶ 업로드를 시작한다

▲ '결산 분석 GPT' 화면을 열고 프롬프트 입력 필드 왼쪽의 클립 아이콘을 클릭한다.

❷ 입수한 PDF를 선택한다

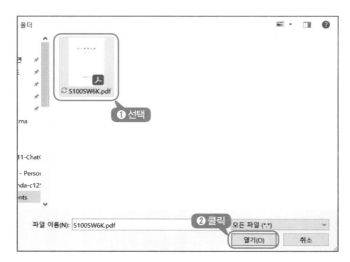

▲ 파일 선택 창이 표시되면 앞서 입수한 유가 증권 보고서 PDF 파일을 선택하고 [열기]를 클릭한다.

❸ 업로드를 완료한다

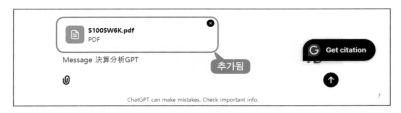

▲ 업로드가 완료되면 프롬프트 입력 필드에 파일명과 아이콘이 표시된다.

유가 증권 보고서 PDF를 업로드했다면 다음과 같은 프롬프트로 지시함으로써 결산 내용을 분석하게 할 수 있습니다. 대답 내용은 업로드한 보고서에 따라 다를 것입니다. 이전 기간과의 비교 등도 수행하면서 실적 변화나 포인트에 관한 설명도 제공합니다.

 업로드한 유가 증권 보고서를 자세히 분석해 주십시오.

 업로드하신 일본우정주식회사(日本郵政株式会社)의 제19기 제3분기 보고서를 분석하겠습니다. 보고서가 방대하므로, 주요 내용을 정리하고 분석하여 요약하겠습니다.

기본 정보
- **회계 기간**: 2023년 10월 1일~2023년 12월 31일
- **주요 기업명**: 일본우정주식회사(Japan Post Holdings Co., Ltd.)
- **대표자**: 마스다 히로야(増田寛也)

재무 요약
- **주요 재무지표**
  - 경상이익: 5,203억 엔(전년 동기 대비 133억 엔 감소)
  - 순이익: 2,219억 엔(전년 동기 대비 1,543억 엔 감소)
  - 총자산: 29조 4,067억 엔
  - 자기자본비율: 3.4%(전년 동기 3.8% 대비 하락)
- **1주당 순이익(EPS)**
  - 현재 분기: 65.53엔(전년 동기 104.66엔)
(이하 생략)

결산 분석 결과를 보면 먼저 기본 정보, 전체적인 실적 등을 표시합니다. 재무 정보나 실적, 리스크 등을 확인하고 신경 쓰이는 부분이 있다면 이어서 질문합니다. 여기에서는 '기타 사업'의 내용에 관해 자세히 알기 위해 다음과 같이 지시합니다.

사용자 기타 사업 내역에 관해 자세히 알려 주십시오.

AI 보고서에서 기타 사업에 해당하는 내용을 분석한 결과, 일본우정주식회사가 수행하는 기타 사업은 주로 부동산 관련 활동으로 구성되어 있습니다. 다음은 세부 내용입니다.

기타 사업의 주요 내용

부동산 사업
- **활동 영역**
  - 사무실, 상업시설, 주택, 호텔 등의 임대 및 관리: 그룹 내외의 자산을 활용하여 개발 및 운영.
  - 그룹 외부 부동산 투자: 외부 기업과의 협력 및 연계를 통해 부동산 사업을 강화.
  - 호텔 운영: '호텔 메르팔크(Hotel Melparc)'라는 브랜드로 호텔을 운영.
  - 2023년 12월 기준으로 영업 중인 호텔은 **나고야, 히로시마, 구마모토**의 3곳.

비고
- **중요 변경 사항**
  - 2022년 9월 말까지 6곳의 호텔 영업을 종료.
  - 2023년 12월 말 기준으로 요코하마와 오사카 호텔의 영업이 종료되었음.

관련 기업 변동
- **JP 로지스틱스 그룹**
  - 2023년 4월 1일자로 **국제 물류 사업**에서 **우편·물류 사업**으로 분류 변경.
- **기업 명칭 변경**
  - 기존 JP Toll Logistics → JP Logistics Group.
  - 기존 Toll Express Japan → JP Logistics.

(이하 생략)

유가 증권 보고서는 페이지 수가 많기 때문에 제대로 읽으려면 매우 많은 시간이 걸립니다. 하지만 '결산 분석 GPT'를 사용하면 요점을 효율적으로 파악할 수 있습니다.

▌주가에 영향을 주는 이벤트 분류

주식 투자는 해당 기업의 미래 성장 가능성을 보고 수행합니다. 표면적인 실적은 양호해 보여도, 결산 보고서를 자세히 보면 자회사나 본업 이외의 계열사 등에 큰 리스크를 안고 있는 경우도 많습니다. 기본 정보 확인을 마쳤다면, 이어서 리스크를 찾아보도록 합니다. 문서를 직접 봤을 때는 좀처럼 보이지 않던 리스크도 알 수 있기 때문에 투자 판단에 참고하면 좋을 것입니다.

주가에 영향을 미칠 가능성이 있는 이벤트를 자세히 분류해 주십시오.

보고서를 기반으로 일본우정주식회사(日本郵政株式会社)의 주가에 영향을 미칠 수 있는 이벤트를 다음과 같이 분류했습니다.

긍정적 이벤트
- **금융 및 보험 부문의 안정적 성장**
  - 유초은행(ゆうちょ銀行): 외화 조달 비용 증가에도 불구하고 자산 매각을 통한 수익 증가.
  - 간포생명(かんぽ生命保険): 보험 부문 경상이익 증가 및 안정적인 수익 창출.
  - 영향: 안정적인 배당금 정책 유지 가능성이 높아 투자자 신뢰 상승에 기여.
- **DX(디지털 전환) 추진**
  - JP 디지털 설립(2021년): 디지털 기술을 활용한 우편 사업과 물류의 효율성 증대.
  - P–DX(Postal–Digital Transformation): 데이터 기반 물류 개혁 및 고객 경험 개선.
  - 영향: 비용 절감과 효율성 증대로 장기적 경쟁력 강화 가능성.
- **부동산 사업 확장**
  - 그룹 내외 자산 활용 및 외부 투자 확대.
  - 영향: 비핵심 사업 수익 증대를 통한 재무 안정성 강화.

부정적 이벤트
- **우편 및 물류 사업 적자**
  - 적자 확대: 우편 물량 감소 및 인건비 상승으로 물류 부문에서 지속적인 적자. 2023년 3분기 적자: 370억 엔(전년 동기 대비 큰 폭 감소).
  - 영향: 물류 부문 구조조정 실패 시 전체 수익성 악화.

글로벌 경제 리스크
- **국제 물류 사업**:
  - 호주 Toll사의 지속적인 적자.
  - 2023년 기준 추가 출자(1,800억 엔)로 재무 건전성 저하 가능성.
- **영향**: 국제 물류 사업 리스크가 그룹 전반의 재정 상태에 부정적 영향을 미칠 가능성.

금융 시장 변동
- **금리 변동**: 일본 국채 수익률 변화 및 외환 시장의 불안정성.
- **유초은행**: 외화 조달 비용 증가로 인해 수익성 악화 가능성.
- **영향**: 금융 부문의 손익 변동성이 투자 심리에 부정적 영향을 줄 수 있음.

(이하 생략)

GPT로 일본 주식 정보를 수집하자

리스크 이외의 이벤트를 확인할 경우

'결산 분석 GPT'에서의 '이벤트'는 리스크에 관한 설명이 중심이 됩니다. 그 밖의 정보를 확인하고 싶을 때는 '그 밖의 이벤트가 있습니까?'라고 질문합니다. 유가 증권 보고서의 내용은 매우 다양하므로, 신경쓰이는 항목은 여러 번 질문을 반복하는 것이 좋습니다.

▌기업의 성장 가능성 확인

실적 등을 확인했다면 기업의 성장 가능성을 면밀하게 확인해 봅시다. 일본우정주식회사의 경우, 부동산 사업과 투자 사업 등도 주목할 만합니다. 투자자라면 그룹 전체의 향후 사업 전개에 관해 흥미가 있을 것입니다. 프롬프트에 주목해야 할 포인트가 무엇인지 질문하면 결산 보고서의 내용을 바탕으로 분석을 수행합니다.

 향후 사업 전개에서 주목해야 할 포인트는 무엇입니까?

 일본우정주식회사(日本郵政株式会社)의 향후 사업 전개에서 주목해야 할 주요 포인트는 다음과 같습니다.

디지털 전환(DX)
P-DX(Postal-Digital Transformation)
- **목표**: 데이터와 디지털 기술을 활용하여 물류 및 우편 사업을 혁신.
- **중점 사항:**
  - 데이터 기반 물류 운영.
  - JP 플랫폼 앱 및 그룹 통합 ID를 통한 디지털 생태계 구축.
- **리스크**: 디지털화 실패 시 경쟁력 약화 및 고객 이탈 가능성.

고객 접점 강화
"미래의 우체국(みらいの郵便局)" 전략:
- 오프라인 및 온라인 서비스 통합.
- 고객 경험 개선을 목표로 하는 새로운 서비스 도입.
- 부동산 사업 확대

핵심 부동산 개발
- 기존 그룹 자산을 활용한 부동산 개발 및 관리.
- 일본 내 주요 상업 및 주거 지역에서의 투자 확대.
(이하 생략)

이 대답은 부동산 사업, 투자 사업, 조직 효율화 관점에서 사업의 장래성을 분석하고 있습니다. 그 밖의 사업 부문에 관해 알고 싶을 때는 '우편(물류) 사업과 우체국 창구 사업의 장래성은 어떻습니까?'처럼 계속해서 질문하면 됩니다.

▌재무 상태를 효율적으로 체크

재무 상황은 해당 기업의 기초 체력을 나타내는 중요한 지표입니다. 하지만 초보 투자자가 혼자 힘으로 재무건전성을 이해하는 것은 상당히 어려운 일입니다. '결산 분석 GPT'는 업로드한 유가 증권 보고서로부터 재무 데이터를 읽어 자산, 부채, 강화 요인, 리스크 등 다양한 관점에서 설명해 줍니다. 초보자도 쉽게 이해할 수 있고, 재무 상황 파악에 도움이 됩니다.

 재무 상태에 관해 자세히 설명해 주십시오.

 재무 상태는 다음과 같습니다.

주요 재무 지표

항목	2023년 12월 31일 기준	전년 동기 대비 변화
총자산	294조 676억 엔	−2,026억 엔 감소
총부채	278조 8,052억 엔	−2,192억 엔 감소
순자산	15조 2,621억 엔	+1,659억 엔 증가
자기자본비율	3.4%	전년 대비 0.4%p 감소
1주당 순이익(EPS)	65.53엔	전년 대비 39.13엔 감소

재무 안정성

자산 구조
- **총자산**: 294조 엔 규모로 대규모 자산 보유.
- **주요 구성**: 유가증권(48%), 현금 및 현금성 자산(20%).
- **변화 요인**:
  - 유가증권 7.3조 엔 증가.
  - 은행 및 보험 부문의 현금 및 신탁 자산 9.4조 엔 감소.

부채 구조
- **총부채**: 278조 엔, 전년 대비 감소.
- **주요 부채**:
  - 책임준비금(보험 부문): 20조 엔 이상 감소.
  - 예금 잔액(은행 부문): 194조 엔으로 소폭 감소.
  - 부채 감소 요인: 유초은행의 외화 조달 비용 및 보험 부문의 책임준비금 조정.

자기자본
- 자기자본비율 3.4%로 낮은 수준.
- 일본 금융기관 평균 대비 낮아 재무적 여유가 부족.
- **순자산 증가 주요 원인**:
- **기타 유가증권 평가 차익 증가**: 5,350억 엔.

(이하 생략)

투자 판단을 점수로 평가

유가 증권 보고서 분석을 통해 필요한 정보를 확인했다면, 투자에 적합한지 여부에 대한 판단을 시켜 봅시다. 구체적인 고찰 이유를 대답하고, 100점 만점 기준으로 투자 점수를 평가하게 합니다. 추가로 보유 및 신규 구입 시의 추천 정도도 제안해 줍니다.

 당신의 투자 판단에 관해 알려 주십시오.

 일본우정주식회사(日本郵政株式会社)의 재무 상태와 사업 전개, 리스크 요인을 종합적으로 분석한 결과, 투자 판단은 **"중립적 추천"**으로 평가됩니다. 다음은 자세한 판단 근거와 점수입니다.
- **투자 판단 점수:** 70/100
- **긍정적 요인:**
  - 안정적인 금융 및 보험 부문의 수익 창출.
  - 디지털 전환(DX)과 물류 재구조화를 통한 장기적 성장 가능성.
  - 부동산 사업 확대로 다각화된 수익원.
- **부정적 요인:**
  - 우편·물류 사업에서의 지속적 적자가 그룹 전체 수익성에 부담.
  - 낮은 자기자본비율(3.4%)로 재무적 유연성이 제한.
  - 글로벌 경제 환경 및 금리 변동으로 금융 부문이 영향을 받을 가능성.

주요 고려 사항
- **긍정적 요인**
  - 금융 및 보험 부문 안정성: 유초은행(ゆうちょ銀行)과 간포생명(かんぽ生命保険)의 경상이익은 안정적으로 증가하고 있어 그룹 내 핵심 수익원으로 기능. 금리 상승으로 인한 채권 투자 수익 기대.
  - 디지털 전환 추진: 디지털 전환(DX)을 통해 우편·물류 부문의 효율성 개선 가능. 고객 접점 강화를 통한 신규 매출원 확보 예상.
  - 부동산 사업 확대: 비핵심 자산 매각과 신규 부동산 개발로 부동산 사업 강화. 장기적으로 안정적인 수익 창출 기대.

(이하 생략)

▍보도자료 등을 추가해 투자 판단 재고찰

제안된 투자 판단을 다듬고 싶을 때는 기업 공식 사이트에 공개된 보도자료 PDF를 추가해 판단을 재고찰하게 할 수 있습니다. 유가 증권 보고서 공개 후 얼마 되지 않아 새로운 상품이나 사업이 발표되었을 경우 등에는 해당 보도자료를 업로드해 재검토를 지시합니다.

❶ 보도자료 PDF를 선택한다*

▲ 보도자료도 기업 공식 사이트에 공개되어 있는 경우가 많다. PDF 형식으로만 제공되지만, 투자 판단에 참고할 만한 내용이 있다면 다운로드하자.

 (파일을 업로드 한 후) 이 파일은 일본우정주식회사의 보도자료입니다. 앞서 분석한 결산 보고서와 이 보도자료의 정보를 더해, 투자 판단을 다시 해주십시오.

 보도자료와 앞서 분석한 결산 보고서를 종합하여 투자 판단을 갱신하겠습니다. 보도자료는 일본우편이 대중적 엔터테인먼트 그룹 "모모이로 클로버 Z"와 협업하여 오리지널 프레임 우표를 출시하는 프로젝트에 관한 내용입니다. 이와 같은 추가 정보를 바탕으로 기업의 투자 가치와 전략을 다시 평가합니다.

갱신된 투자 판단
• **투자 판단 점수:** 75/100(중립적에서 긍정적)

* https://www.japanpost.jp/pressrelease/jpn/

긍정적 요인

- **새로운 수익원 창출**

  엔터테인먼트 협업 프로젝트:
  - 모모이로 클로버 Z와의 협업은 젊은 소비자층을 포함한 새로운 고객 유치 가능성을 확대.
  - 오리지널 프레임 우표 출시와 같은 창의적인 제품은 기존 우편 서비스의 매출 감소를 일부 보완 가능.
  - 프로젝트의 디지털 홍보(웹사이트 및 SNS)를 통해 우편 사업의 현대적 이미지 구축.
- **브랜드 이미지 제고**

  "몸을 깨워라! 일본!(カラダうごかせ！ニッポン！)" 프로젝트:
  - 건강 및 운동 캠페인을 통해 ESG(환경·사회·지배구조)와 연계된 긍정적 브랜드 이미지 강화.
  - 스포츠 및 대중문화 지원을 통해 기업의 사회적 책임을 적극 수행.
- **다각화 전략 강화**
  - 부동산 사업, 금융 및 보험 부문 외에도 문화 및 소비자 상품 개발을 통한 다각화된 매출 구조 추구.
  - 해당 프로젝트가 우편 사업의 비핵심 사업으로 자리잡아 안정적 수익원으로 성장 가능성.

부정적 요인

- **단기적 매출 기여도 제한**
  - 프레임 우표와 같은 소비자 대상 제품은 대규모 매출 증가로 이어지기 어려움.
  - 프로젝트의 성공 여부는 소비자 반응 및 초기 판매 성과에 크게 의존.
- **우편 사업의 구조적 문제 지속**
  - 기존 우편 및 물류 부문의 적자는 여전히 해결되지 않은 핵심 과제.
  - 새로운 시도가 적자 해소에 실질적으로 기여하려면 장기적인 전략 필요.

(이하 생략)

3-2

[GPTs 활용-일본 주식 분석군]

최강의 일본 주식 분석 도구의 실력 대공개!

POINT

❶ '일본 주식 분석군'을 사용해 기업 정보를 수집, 분석한다.
❷ 경쟁 기업 정보를 수집하고 주가 동향을 확인한다.
❸ 분석 결과에 기반해 투자 전략을 수립한다.

기업의 다양한 정보를 수집하자

'일본 주식 분석군'은 이름 그대로 일본 주식 정보를 수집, 분석할 수 있는 커스텀 GPT입니다. 종목 코드 또는 종목명을 입력하면 특정 기업에 관한 분석을 할 수 있고, 업계 전망과 성장 전략에 관한 통찰을 얻을 수 있습니다. 투자 전략 제안도 가능합니다. 대답에 사용되는 정보는 Kabutan(https://kabutan.jp/), Yahoo! Finance(https://finance.yahoo.com/) 등의 주식 정보 사이트는 물론 기업 공식 사이트의 정보 수집이 가능한 범위에서 얻습니다.

> **일본 주식 분석군|日本株分析くん**
>
> 개발자: KIYOTO KATOU
> URL: https://chatgpt.com/g/g-lxbtV8G3P-ri-ben-zhu-fen-xi-kun

 사용자 6857 종목의 기업 분석을 해주십시오.

 AI 6857(어드반테스트)의 재무 데이터 및 실적 분석입니다.
어드반테스트는 최근 몇 년간 견고한 재무 성과를 보여주고 있습니다. 2023년 매출은 4,865억 엔으로 전년 대비 13.15% 감소하였으며, 순이익은 622억 9,000만 엔으로 52.23% 감소하였습니다.
2024년 9월 30일 기준 주요 재무 지표는 다음과 같습니다.
• **매출 총이익률**: 54.17%
• **영업 이익률**: 24.13%
• **순이익률**: 17.67%
• **총 자산**: 7,621억 엔
• **총 부채**: 2,863억 엔
• **총 자본**: 4,758억 엔

이러한 수치는 어드반테스트의 수익성과 재무 건전성을 나타내며, 반도체 테스트 장비 시장에서의 강력한 입지를 반영합니다.

업계 전망 및 성장 전략
반도체 테스트 장비 산업은 향후 몇 년간 지속적인 성장이 예상됩니다. 시장 조사 기관인 Yole Development에 따르면, 연평균 성장률(CAGR) 9%가 예상되며, 2027년에는 시장 규모가 153억 달러에 이를 것으로 전망됩니다.
어드반테스트는 이러한 성장 기회를 포착하기 위해 다음과 같은 전략을 추진하고 있습니다.

제품 포트폴리오 다각화
SoC 테스트 시스템, 메모리 테스터 등 다양한 제품을 통해 고객층을 확대하고 있습니다.
(이하 생략)

대략적인 기업 개요에 관해서 알았다면 이제 해당 기업의 위치, 업계 자체의 전망 등에 관한 정보를 찾아 봅시다. 이런 정보에 관해서도 네트워크에 공개되어 있는 정보에 기반한 고찰을 제공해 줍니다.

사용자 업계 안에서의 위치, 업계 전망, 성장 가능성 등에 관해 고찰해 주십시오.

AI 어드반테스트(Advantest Corporation, 6857)의 업계 내 위치, 업계 전망 및 성장 가능성에 대한 고찰은 다음과 같습니다.

1. 업계 내 위치
- **반도체 테스트 장비 분야의 글로벌 리더**
  어드반테스트는 반도체 테스트 장비 시장에서 글로벌 1위를 차지하고 있습니다. 주로 시스템 온 칩(SoC) 및 메모리 반도체 테스트 장비를 제공하며, 시장 내 점유율은 약 50% 이상으로 압도적인 우위를 유지하고 있습니다. 주요 경쟁사로는 미국의 테라다인(Teradyne), 일본의 SCREEN Holdings 등이 있지만, 기술력과 공급망, 고객사 확보 면에서 어드반테스트가 선두를 지키고 있습니다.
- **주요 고객사**
  - 삼성전자, SK하이닉스, 인텔, TSMC 등 세계적인 반도체 기업이 주요 고객입니다.
  - 특히 메모리 반도체와 시스템 반도체의 테스트 수요가 급증하면서 안정적인 매출 기반을 확보하고 있습니다.

2. 업계 전망

- **반도체 산업의 구조적 성장**

  반도체 산업은 AI(인공지능), 5G 통신, 자율주행, IoT(사물인터넷) 등의 기술 혁신에 따라 지속적인 성장이 예상됩니다. 특히 고성능 반도체와 대용량 메모리 수요는 꾸준히 증가하고 있으며, 이에 따라 반도체 제조 후 필수 공정인 반도체 테스트 장비의 수요 역시 급증하고 있습니다.

- **반도체 테스트 장비 시장의 성장률**
  - 시장조사기관에 따르면 반도체 테스트 장비 시장은 2023년부터 2028년까지 연평균 성장률(CAGR) 9~10%를 기록하며 확대될 것으로 보입니다.
  - 시장 규모는 2028년까지 약 150억 달러에 이를 전망입니다.
  - 특히 AI 칩, 데이터 센터용 고성능 DRAM, HBM(High Bandwidth Memory) 등 차세대 반도체의 테스트 수요가 큰 성장 동력이 될 것입니다.

3. 성장 가능성

어드반테스트는 업계 변화와 기술 혁신을 선도하며 미래 성장 가능성을 높이고 있습니다.

- **AI 및 고성능 컴퓨팅(HPC) 수요 대응**
  - AI 반도체(예: 엔비디아의 GPU)와 HPC 분야에서 반도체 성능과 신뢰성을 확보하기 위해 정밀한 테스트가 필수입니다.
  - 어드반테스트는 이러한 시장 변화에 맞춘 고정밀 테스트 장비를 제공하며 경쟁 우위를 유지하고 있습니다.

- **메모리 반도체 테스트 강화**
  - DDR5, HBM과 같은 고대역폭 메모리 기술이 데이터센터와 AI 시장에서 수요가 급증하고 있습니다.
  - 어드반테스트는 최신 메모리 테스트 장비 기술을 지속적으로 개발하고 있습니다.

(이하 생략)

▌정보 사이트에서 재무 데이터 수집

조사한 기업의 대략적인 이미지를 잡았다면, 계속해서 재무 관련 정보를 표시할 수도 있습니다. 질문 시 핵심은 정보 소스가 되는 사이트명을 프롬프트에 포함해서 지시하는 것입니다. 사이트명을 입력하지 않으면 의도하지 않은 정보가 포함될 수 있으므로 잊지 말고 입력합니다.

그리고 질문을 너무 광범위하게 하면 같은 정보 소스를 지시해도 대답이 매 질문마다 달라집니다. 반드시 얻고자 하는 정보가 있을 때는 '영업 이익을 포함해' 같이 구체적으로 지시합니다.

사용자 Kabutan(https://kabutan.jp/)에서 재무 정보를 수집해 주십시오.

 AI 어드반테스트(Advantest Corporation, 6857)는 반도체 테스트 장비 분야에서 세계적인 선도 기업으로, 최근 몇 년간 견고한 재무 성과를 보여주고 있습니다. 다음은 어드반테스트의 주요 재무 지표와 실적에 대한 분석입니다.

주요 재무 지표(2024년 9월 30일 기준)
- **매출 총이익률:** 54.17%
- **영업 이익률:** 24.13%
- **순이익률:** 17.67%
- **총 자산:** 7,621억 엔
- **총 부채:** 2,863억 엔
- **총 자본:** 4,758억 엔

이러한 지표들은 어드반테스트의 수익성과 재무 건전성을 나타내며, 반도체 테스트 장비 시장에서의 강력한 입지를 반영합니다.

최근 실적(2023년 회계연도)
- **매출액:** 4,865억 엔(전년 대비 13.15% 감소)
- **순이익:** 622억 9,000만 엔(전년 대비 52.23% 감소)

이러한 감소는 반도체 산업의 주기적인 변동성과 글로벌 경제 상황의 영향을 받은 것으로 보입니다.

주가 동향
어드반테스트의 주가는 최근 상승세를 보이고 있으며, 2024년 12월 13일 기준으로 9,447엔을 기록하였습니다.

투자 전략
어드반테스트는 반도체 테스트 장비 시장에서의 선도적인 위치와 견고한 재무 상태를 바탕으로 향후 성장 잠재력이 높습니다. 투자자들은 시장 동향과 기업의 전략적 움직임을 주시하며, 장기적인 관점에서 투자 판단을 고려하는 것이 바람직합니다.

Kabutan을 정보 소스로 제공했을 때는 이렇게 이렇게 주요한 재무 정보를 제공해 줍니다. 하지만 Yahoo! Finance를 정보 소스로 지시했을 때는 극히 한정된 재무 정보만 제공됩니다. 보다 자세한 정보를 원할 때는 Kabutan을 참조하는 것이 좋습니다. 재무 정보를 확인해 무언가 신경 쓰이는 점이 있다면 다시 질문하여 정보를 추가 수집합니다. 투자에 있어 가장 신경쓰이는 것은 해당 기업이 가진 재무 및 업무 관련 리스크입니다. 이어서 리스크 전반에 관해 질문합니다.

업무상 리스크로 고려할 점이 있습니까?

AI 어드반테스트(Advantest Corporation, 6857)의 업무상 리스크 분석
어드반테스트는 글로벌 반도체 테스트 장비 시장의 선두 기업으로 안정적인 성장세를 보이고 있지만, 다양한 **내부적, 외부적 리스크 요인**이 존재합니다. 이들은 회사의 미래 실적과 성장성에 영향을 미칠 수 있으므로 투자 및 업무 관점에서 주의 깊게 고려해야 합니다.

1. 반도체 산업의 경기 변동성

- **리스크 내용:**
  - 반도체 산업은 **경기 사이클**이 명확한 대표적인 주기 산업입니다. 수요가 급증하는 호황기와 수요 과잉 및 공급 부족이 겹치는 불황기가 반복됩니다.
  - 특히 최근 글로벌 **경기 침체**와 **IT 수요 둔화**로 반도체 시장은 단기적인 조정 국면에 들어섰으며, 이는 반도체 테스트 장비 수요에 직접적인 영향을 줍니다.
- **대응 방안:**
  - 산업 주기와 무관하게 **다양한 고객군**을 확보해 수요 기반을 넓혀야 합니다.
  - 고부가가치 테스트 장비를 개발하여 경기 침체기에 수익성을 유지할 필요가 있습니다.

2. 고객사의 투자 동향에 대한 의존성

- **리스크 내용:**
  - 어드반테스트는 **주요 반도체 제조사(삼성전자, SK하이닉스, 인텔 등)**의 장비 투자가 매출에 큰 비중을 차지합니다. 고객사의 투자 축소나 지연이 발생하면, 회사의 실적에 타격을 줄 수 있습니다.
  - 예를 들어, **글로벌 경기 악화** 또는 **반도체 재고 증가**로 고객사가 설비 투자 규모를 줄이는 경우, 테스트 장비 수요가 감소합니다.
- **대응 방안:**
  - 기존 메모리 및 로직 반도체 외에 **자동차용 반도체, AI 칩, 센서** 등 다양한 시장으로 진출해 의존도를 분산해야 합니다.
  - **서비스 및 유지보수 사업**의 비중을 확대해 안정적인 수익원을 확보해야 합니다.

3. 경쟁 심화와 기술 혁신 속도

- **리스크 내용:**
  - 글로벌 반도체 테스트 장비 시장에서 어드반테스트의 주요 경쟁자는 미국의 **테라다인(Teradyne)**과 일본의 다른 반도체 장비 업체들입니다.
  - 특히 반도체 공정 기술이 **미세화**되고, AI 및 HPC에 필요한 **첨단 칩 테스트** 요구가 늘어나는 상황에서 **기술 혁신의 속도**를 따라가지 못하면 시장 점유율을 빼앗길 가능성이 있습니다.

(이하 생략)

GPT로 알본 주식 정보를 수집하자

주주 구성을 자세히 확인

상장 기업에서는 어떤 기업이나 인물이 주요 주주인가도 중요한 요소입니다. 특히 외국계 펀드 등이 대주주일 경우, 그들이 소위 빅 마우스(입김이 센 주주)로 활동하며, 그 결과 주가가 크게 변동하기도 합니다. 주주 구성에 관해 질문하고 주의할 점에 관해서도 확인해 봅니다. 단, 기업에 따라 주주 구성 정보를 확인할 수 없을 때도 있습니다.

 6857의 주주 구성은 어떻게 되어 있습니까?

 도쿄 증권거래소에 상장된 어드반테스트(Advantest Corporation, 6857)의 주주 구성에 대한 상세한 정보는 현재 공개된 자료에서 확인하기 어렵습니다. 일반적으로, 일본 상장 기업의 주주 구성은 주요 기관 투자자, 외국인 투자자, 개인 주주 등으로 이루어집니다. 보다 정확한 주주 구성 정보를 확인하려면 어드반테스트의 최신 연차 보고서나 투자자 관계(IR) 웹사이트를 참고하시거나, 도쿄 증권 거래소의 공시 자료를 확인하시는 것이 좋습니다.

경쟁 기업 조사

기업 분석을 할 때 경쟁 관계에 있는 기업에 관해서도 알아두면 업계 전반에 대한 지식이 풍부해집니다. 처음 흥미를 가졌던 기업보다 사실 경쟁 기업 쪽이 매력적인 경우도 적지 않습니다. 반드시 조사해 두는 것을 권장합니다.

 6857의 주주 구성은 어떻게 되어 있습니까?

 어드반테스트(Advantest Corporation, 6857)의 주요 경쟁 기업은 **반도체 테스트 장비** 시장에서 활동하는 글로벌 기업들입니다. 대표적인 경쟁사들은 다음과 같습니다:

테라다인(Teradyne)
- 미국 기반 기업으로 반도체 자동 검사 장비(ATE) 분야에서 어드반테스트와 시장 점유율을 양분.
- 특히 SoC(System on Chip) 및 메모리 테스트 장비에서 강력한 경쟁사입니다.

Cohu, Inc.
- 미국의 반도체 검사 및 테스트 장비 제공업체.
- 테스트 핸들러 및 자동화 검사 장비를 주력으로 하며, 중소형 테스트 솔루션에 강점이 있습니다.

Chroma ATE
- 대만에 기반을 둔 반도체 및 전자 부품 검사 장비 제조사.
- 주로 고정밀 자동화 테스트 장비를 공급하며, 아시아 시장에서 경쟁합니다.

키사이트 테크놀로지스(Keysight Technologies)
- 미국의 전자 테스트 및 측정 장비 제조사로 일부 반도체 테스트 시장에도 진입.
- 주력 분야는 무선 및 네트워크 장비 테스트입니다.

테스트 리서치(Testing Research Inc, TRI)
- 대만에 본사를 둔 검사 및 자동화 장비 제조사로, 메모리 및 SoC 검사에 일부 경쟁력을 보유.

어드반테스트와 테라다인이 **반도체 테스트 장비 시장**에서 **양대 강자**로 자리 잡고 있으며, 이 두 회사가 글로벌 시장 점유율의 대부분을 차지합니다.
(이하 생략)

 위 경쟁 기업들에 관해 간단히 알려 주십시오.

 다음은 어드반테스트(Advantest Corporation, 6857)의 주요 경쟁 기업에 대한 간단한 요약입니다.

1. 테라다인(Teradyne, Inc.)
- **국가**: 미국
- **설립**: 1960년
- **주요 사업**: 반도체 테스트 장비, 자동화 시스템(협동 로봇)
- **강점**:
  - SoC(System on Chip) 및 메모리 반도체 테스트 장비 분야의 강자
  - 혁신적인 고성능 테스트 솔루션 제공
  - 반도체 외에도 자동화 장비(Universal Robots)를 통해 사업 포트폴리오 다각화
- **위치**: 글로벌 시장 점유율 2위, 어드반테스트의 가장 큰 경쟁사

2. Cohu, Inc.
- **국가**: 미국
- **설립**: 1947년
- **주요 사업**: 반도체 테스트 장비, 핸들러(칩 조립 및 검사 장비)
- **강점**:
  - 비용 효율적인 반도체 테스트 솔루션 제공
  - 자동차용 반도체 및 산업용 반도체 테스트 장비에 강점
  - 중소형 반도체 제조사에 특화된 제품 공급
- **위치**: 중저가 시장 공략을 통해 빠르게 점유율 확대

3. SCREEN 홀딩스(SCREEN Holdings Co., Ltd.)
- **국가**: 일본
- **설립**: 1943년
- **주요 사업**: 반도체 제조 장비, 검사 장비, 디스플레이 장비
- **강점**:
  - 반도체 제조 공정 중 웨이퍼 세정 및 검사 장비에 특화
  - 후공정 검사 장비에서 경쟁력 보유
  - 일본 내 반도체 장비 시장에서 주요 플레이어
- **위치**: 어드반테스트와 일부 검사·테스트 영역에서 경쟁

4. 키엔스(Keyence Corporation)
- **국가**: 일본
- **설립**: 1974년
- **주요 사업**: 산업 자동화 장비, 센서, 검사 장비
- **강점**:
  - 센서 기술 및 비전 검사 시스템 분야에서 글로벌 리더
  - 반도체 제조 공정에서의 결함 검출 및 품질 검사에 특화
  - 고속 자동 검사 장비를 통해 반도체 시장 일부 영역에서 경쟁
- **위치**: 비전 검사와 센서 기술을 중심으로 경쟁

(이하 생략)

▌최신 주가 동향과 수준 조사

최신 주가 동향에 관해 조사할 때는 기업 분석 때와 마찬가지로 종목 코드 또는 기업명을 포함해 지시하면 됩니다. 직전 최고가, 주가 방향, 이동 평균선 상승률 등의 정보를 알 수 있습니다. 그리고 이어서 주가 수준에 관해 질문하면 수익률이나 실적 예측을 제시하면서 조언해 줍니다.

6857의 주가 트렌드를 분석해 주십시오.

어드반테스트(Advantest Corporation, 6857)는 반도체 테스트 장비 분야의 선도 기업으로, 최근 주가가 상승세를 보이고 있습니다. 다음은 어드반테스트의 주가 동향에 대한 분석입니다.

주가 동향
- **최근 주가**: 2024년 12월 13일 기준, 어드반테스트의 주가는 9,558엔으로 마감되었습니다.

- **52주 변동폭**: 최저 4,202엔에서 최고 10,005엔 사이에서 거래되었습니다.
- **시가총액**: 약 7.06조 엔입니다.

기술적 분석
- **이동 평균선**: 단기(5일), 중기(20일), 장기(50일) 이동 평균선이 모두 현재 주가 아래에 위치해 있어 상승 추세를 나타냅니다.
- **RSI(14)**: 82.75로 과매수 구간에 진입해 있습니다.

최근 뉴스 및 이슈
- **AI 수요 증가**: AI 관련 반도체 수요의 호조로 어드반테스트의 주가가 상승하고 있습니다.
- **실적 발표**: 최근 분기 실적이 시장 예상치를 상회하며 긍정적인 평가를 받고 있습니다.

투자자 참고 사항
- **밸류에이션**: 현재 주가수익비율(P/E)은 약 66.06배로, 업계 평균을 상회하고 있습니다.
- **배당 수익률**: 약 0.39%로, 상대적으로 낮은 편입니다.

결론
어드반테스트는 반도체 산업의 성장과 AI 수요 증가에 힘입어 주가가 상승세를 보이고 있습니다. 그러나 기술적 지표상 과매수 상태이므로 단기적인 조정 가능성도 염두에 두어야 합니다. 투자 시 이러한 점을 고려하시기 바랍니다.

 사용자 현재 주가 수준은 실적을 고려했을 때 저평가되어 있습니까?

 AI 어드반테스트(Advantest Corporation, 6857)의 현재 주가 수준이 실적 대비 저평가되어 있는지 평가하기 위해 주요 지표들을 살펴보겠습니다.

주가수익비율(P/E Ratio)
- **현재 P/E 비율**: 약 60배
  이는 동일 업종 내 다른 기업들과 비교했을 때 높은 수준입니다. 예를 들어, 도쿄 일렉트론의 P/E 비율은 약 23배이며, 엔비디아의 P/E 비율은 약 49배로 알려져 있습니다.

실적 및 전망
- **최근 실적**: 어드반테스트는 2024 회계연도 2분기에 사상 최고 실적을 발표하였으며, 매출, 영업이익, 순이익이 크게 증가하였습니다. 특히 영업이익률은 30%를 넘어섰습니다.
- **미래 전망**: AI 및 고성능 반도체에 대한 수요 증가로 인해 향후 실적 개선이 예상되며, 회사는 연간 매출 전망을 상향 조정하였습니다.

현재 어드반테스트의 주가는 최근 실적 호조와 미래 성장 전망을 반영하여 상승하였으며, P/E 비율이 업계 평균을 상회하고 있습니다. 이는 시장이 어드반테스트의 미래 성장 가능성을 높게 평가하고 있음을 나타냅니다. 따라서 현재 주가 수준이 실적 대비 저평가되었다고 판단하기는 어렵습니다.

참고 자료:
- 어드반테스트, 사상 최고 실적 및 낙관적 전망 보고
- 어드반테스트 주가 전망 주식 분석 6857 JP

투자 전략 제안 받기

재무 정보, 업계 전망, 주가 동향 등을 분석했다면 최종적으로 투자 전략을 제안 받습니다. 단기 전략, 중장기 전략 등 여러 관점에서 중요한 포인트 및 주의점을 조언해 줍니다. 투자 초보자가 알아채기 어려운 부분도 언급해 주므로 매수 종목 결정에 참고할 수 있습니다.

 지금까지의 분석 내용을 바탕으로 6857에 대한 투자 전략을 세워주십시오.

 다음은 어드반테스트(Advantest Corporation, 6857) 투자 전략입니다.

1. 종합 분석 요약
- **기업 개요:** 어드반테스트는 반도체 테스트 장비 분야의 글로벌 리더로, 특히 SoC 및 메모리 반도체 테스트 장비 시장에서 **약 50%**의 점유율을 보유하고 있습니다.
- **재무 성과:** 영업이익률 약 **30%**의 높은 수익성을 유지하고 있으며, 견고한 재무 상태를 바탕으로 성장세를 지속하고 있습니다.
- **주가 현황:** 최근 주가는 상승세를 이어가며 52주 최고가 부근에 도달했으며, P/E 비율은 약 **60배**로 업계 평균(약 20~30배)을 상회하는 수준입니다.
- **미래 성장성:** AI, 5G, 데이터센터, 자율주행차 등 첨단 기술 발전에 따른 반도체 수요 증가로 반도체 테스트 장비 시장은 지속적으로 성장할 전망입니다.

2. 투자 전략
- **단기 투자 전략**
  - 주가 과매수 상태 주시: 기술적 지표(RSI 82 이상)가 **과매수 구간**에 진입해 단기적인 조정 가능성이 존재합니다. 현재 주가가 상승 추세이나 단기적인 과열 신호를 보이므로 **9,000엔 이하**의 조정 시 매수 기회를 노리는 전략이 유효합니다.

- 실적 발표 및 이벤트 모니터링: 향후 분기 실적 발표에서 성장세가 지속될 경우 주가 상승세를 이어갈 가능성이 큽니다.
- 목표 주가: 1~3개월 단기 목표가 **10,000엔** 수준 설정(52주 최고가 재도전 예상).

• **중장기 투자 전략**
성장성 기반의 장기 투자:
- AI, 고성능 컴퓨팅(HPC), 메모리 반도체 수요가 지속적으로 증가하고 있어 어드밴테스트는 장기적인 수혜가 예상됩니다.
- 자동차용 반도체 및 차세대 메모리(HBM, DDR5) 테스트 장비 시장 확대로 중장기 실적 성장이 가능할 전망입니다.
- 경쟁 우위 지속: 반도체 테스트 장비 시장에서 어드밴테스트는 **기술력, 시장 지배력**이 뛰어나며, 주요 경쟁사인 **테라다인**과 함께 글로벌 양대 산맥을 이루고 있습니다. 경쟁사 대비 높은 R&D 투자 비중으로 기술 격차를 유지하고 있습니다.

• **매수 전략**: 현재 주가(약 9,500엔)가 P/E 기준으로 다소 고평가 상태이므로, 조정 시 8,000~8,500엔 구간에서 분할 매수를 고려하는 것이 바람직합니다.

• **목표 주가**: 12개월 중장기 목표가 **11,500엔** 설정(성장성을 감안한 업사이드 20% 예상).

(이하 생략)

3-3

일본 제일의 단 한 주!
AI 투자 실력 파헤치기

POINT

❶ '일본 주식 GPT'로 기업을 자세히 분석한다.

❷ 특정 기업에 관한 최신 뉴스를 조사한다.

❸ 유가 증권 보고서 PDF로 재무제표와 실적을 분석한다.

PDF도 지원하는 일본 주식 분석&예측 도구

'일본 주식 GPT(日本株GPT)'는 일본 상장 기업에 관한 자세한 분석과 예측 등을 제공하는 커스텀 GPT입니다. 시장 트렌드, 경제 지표 등에 기반한 실적 예측을 수행할 수 있습니다. PDF 파일 읽기를 지원하며 유가 증권 보고서와 보도자료로부터 재무 데이터나 사업 전개를 분석할 수도 있습니다. 단, 분석 가능 대상은 2023년 시점에서 상장한 일본 기업에 한정됩니다.

> **일본 주식 GPT|日本株GPT**
>
> 개발자: TaichiNishida
> URL: https://chatgpt.com/g/g-pC0zWVrSW-ri-ben-zhu-gpt

 8058의 기업 개요에 관해 자세히 분석해 주십시오.

 8058은 三菱商事株式会社(미쓰비시상사 주식회사)의 증권 코드입니다. 일본을 대표하는 종합상사 중 하나로, 미쓰비시 그룹에 속해 있습니다. 다음은 **미쓰비시상사**에 대한 자세한 분석입니다.

기업 개요
- **기업명:** 三菱商事株式会社(Mitsubishi Corporation)
- **증권 코드:** 8058
- **설립연도:** 1950년 4월 1일
- **본사 위치:** 東京都千代田区丸の内二丁目3番1号(도쿄도 치요다구 마루노우치)
- **대표이사:** 垣内 威彦(가키우치 타케히코)

- **종업원 수**: 연결 기준 약 86,000명(2023년 기준)
- **상장 시장**: 도쿄증권거래소(TSE) 프라임 시장
- **업종**: 종합상사

비즈니스 모델 및 사업 영역

미쓰비시상사는 글로벌 종합상사로서 다양한 사업을 전개하고 있으며, 주요 사업 영역은 다음과 같습니다.

- **천연가스 및 에너지 사업**
  - LNG(액화천연가스) 프로젝트를 중심으로 에너지 생산 및 유통 사업을 운영합니다.
  - 자원 개발 및 재생 가능 에너지 사업도 확대하고 있습니다.
- **금속 자원 사업**
  - 철광석, 알루미늄, 구리, 석탄 등 다양한 금속 자원의 개발 및 트레이딩을 수행합니다.
- **산업 인프라 사업**
  - 전력, 운송 인프라 및 산업 설비 관련 프로젝트를 개발하고 있습니다.
  - 발전소, 철도, 플랜트 건설 등 글로벌 인프라 투자도 활발합니다.
- **자동차 및 모빌리티 사업**
  - 자동차 제조, 유통, 판매뿐만 아니라 모빌리티 서비스 영역에도 진출하고 있습니다.
- **식량 및 소비재 사업**
  - 농산물, 가공식품, 식음료, 생활용품 등의 유통 및 공급망을 관리하고 있습니다.
- **화학 제품 사업**
  - 산업용 화학 제품 및 플라스틱, 전자 소재 등 다양한 화학 물질을 취급합니다.
- **생활 및 의료 분야**
  - 헬스케어, 의료기기, 병원 경영 지원 등 사회적 인프라와 관련된 서비스도 제공합니다.

재무 정보(2023년 기준)
- **매출액**: 약 21조 1,160억 엔(연결 기준)
- **영업이익**: 약 1조 7,539억 엔
- **당기 순이익**: 약 1조 1,839억 엔
- **자기자본비율**: 약 38.4%
- **시가총액**: 약 9조 엔(2023년 말 기준)

(이하 생략)

대답 중 신경 쓰이는 점에 관해 계속해서 질문합니다. 사업 포트폴리오에 관해 자세히 알고 싶을 때는 분야 내역과 사업 내용에 관해 질문해 봅니다.

사용자 사업 내용을 부문별로 자세히 설명해 주십시오.

 미쓰비시상사(三菱商事株式会社, 8058)는 일본을 대표하는 **종합상사**로서 다양한 산업에 걸쳐 사업을 영위하고 있습니다. 각 부문별 사업 내용을 자세히 설명하겠습니다.

1. 천연가스 부문
- **주요 사업 내용**
  - LNG(액화천연가스) 사업: 미쓰비시상사는 세계적으로 LNG 생산 및 유통 네트워크를 보유하고 있습니다. LNG 개발, 생산, 트레이딩, 운송까지 전반적인 가치 사슬을 관리합니다. 대표적으로 호주와 말레이시아 등의 대형 LNG 프로젝트에 참여하고 있습니다.
  - 가스 인프라 개발: 가스 발전소 건설 및 운영, 천연가스 관련 인프라 사업을 통해 안정적인 에너지 공급을 지원합니다.
  - 탈탄소 에너지 사업: 재생에너지 및 수소 에너지 개발에 적극적으로 투자하고 있으며, 저탄소 및 친환경 에너지 공급으로 지속 가능한 성장을 추구합니다.

2. 금속 자원 부문
- **주요 사업 내용**
  - 철광석 및 석탄: 철광석과 제철용 석탄의 개발 및 판매를 진행합니다. 호주, 캐나다, 칠레 등 주요 생산 거점에서의 자원 프로젝트를 운영합니다.
  - 비철금속: 구리, 알루미늄 등 비철금속의 개발 및 글로벌 트레이딩을 수행합니다.
  - 리사이클링 및 자원 효율화: 자원 채굴에 따른 환경 부담을 줄이기 위해 리사이클링 사업 및 친환경 기술 개발에 투자하고 있습니다.

(이하 생략)

경쟁 기업 비교로 전략 차이 분석

강력한 경쟁 기업이 있을 때는 기업 간 특징을 비교해 보는 것이 좋습니다. '일본 주식 GPT'를 사용하면 경쟁 기업을 조사해 실적이나 사업 전략의 차이 등을 알 수 있습니다.

 사용자 8058의 경쟁 기업에 관해 알려 주십시오.

 AI 미쓰비시상사(三菱商事株式会社, 8058)는 일본의 대표적인 종합상사로, 다양한 산업 분야에서 활동하고 있습니다. 이러한 종합상사들은 서로 유사한 사업 모델과 포트폴리오를 보유하고 있어, 서로의 주요 경쟁자로 간주됩니다.

주요 경쟁 기업:
- **미쓰이물산**(三井物産株式会社, 8031): 에너지, 금속, 기계, 화학, 식품 등 다양한 분야에서 활동하며, 글로벌 네트워크를 통해 광범위한 사업을 전개하고 있습니다.
- **이토추상사**(伊藤忠商事株式会社, 8001): 섬유, 식품, 기계, 금속, 에너지 등 다양한 산업에 걸쳐 사업을 운영하며, 특히 소비재 분야에서 강점을 보이고 있습니다.
- **스미토모상사**(住友商事株式会社, 8053): 금속, 운송, 인프라, 미디어, 생활 관련 상품 등 다양한 분야에서 활동하며, 글로벌 시장에서의 입지를 강화하고 있습니다.
- **마루베니**(丸紅株式会社, 8002): 에너지, 금속, 식품, 화학, 기계 등 다양한 산업 분야에서 사업을 운영하며, 특히 농산물 거래에서 두각을 나타내고 있습니다.

이러한 기업들은 미쓰비시상사와 함께 일본의 주요 종합상사로서, 글로벌 시장에서 다양한 산업 분야에서 경쟁하고 있습니다.
(이하 생략)

 사용자 위 기업들과 8058을 비교 분석해 주목할 점이 있다면 알려 주십시오.

 AI 8058 미쓰비시상사와 주요 경쟁사 비교 분석
미쓰비시상사(8058)는 일본의 대표적인 종합상사 중 하나로, 글로벌 네트워크와 다양한 산업 포트폴리오를 보유하고 있습니다. 이를 경쟁사인 미쓰이물산(8031), 이토추상사(8001), 스미토모상사(8053), 마루베니(8002)와 비교해 주목할 점을 분석하겠습니다.

1. 주요 재무 지표 비교(2024년 기준)

기업명	티커	시가총액	P/E 비율	ROE	영업 이익률	배당 수익률
미쓰비시상사	8058	약 9.4조 엔	9.3배	15.8%	9.5%	3.5%
미쓰이물산	8031	약 8.9조 엔	8.5배	15.2%	8.9%	3.2%
이토추상사	8001	약 7.9조 엔	9.8배	16.4%	10.3%	3.6%
스미토모상사	8053	약 6.5조 엔	8.7배	13.5%	7.8%	3.7%
마루베니	8002	약 5.8조 엔	9.1배	14.3%	8.2%	3.8%

- **주목할 점**:
  - 미쓰비시상사는 시가총액 1위의 종합상사로 가장 큰 기업 규모를 보유하고 있습니다.
  - ROE(자기자본이익률)와 영업 이익률 측면에서 이토추상사(8001)가 약간 더 높은 수익성을 보여주고 있으나, 미쓰비시상사도 업계 평균을 상회하는 수준입니다.
  - 배당 수익률은 경쟁사와 비슷한 3.5%~3.8% 수준으로, 안정적인 주주 환원 정책을 유지하고 있습니다.

2. 사업 포트폴리오 및 전략 비교

미쓰비시상사(8058)
- **강점**:
  - 에너지(석유·천연가스), 금속자원, 화학, 기계, 식품 등 광범위한 산업에 걸쳐 사업을 운영.
  - 재생에너지와 미래형 도시 개발 프로젝트에서 강점.
  - 디지털 혁신을 통한 사업 구조 개선 및 지속 가능한 에너지 사업 투자 강화.
- **주요 특징**: 사업 다각화와 글로벌 네트워크를 통해 리스크를 분산하고 있으며, 안정적인 수익성을 유지 중입니다.

미쓰이물산(8031)
- **강점**:
  - 자원 개발 및 에너지 부문에서 높은 비중과 전문성을 보유.
  - 농산물, 식품, 화학 등에서 수익성을 극대화.
- **주요 특징**: 천연가스 및 원자재 가격 상승 시 에너지 사업에서 강한 실적을 창출하는 구조.

이토추상사(8001)
- **강점**:
  - 섬유 및 소비재 부문에 특화되어 있으며, 식품 및 생활용품 사업에서 강한 경쟁력 보유.
  - 소비재 시장에서 안정적이며 꾸준한 현금 흐름을 확보.
  - 주요 특징: B2C(소비자 대상 사업) 비중이 높아 경기 침체에도 비교적 안정적인 실적을 유지.

(이하 생략)

특정 기업에 관한 뉴스 및 화제 조사

특정 기업에 관해 최근 화제가 된 뉴스를 조사할 수도 있습니다. 그리고 테마를 지정해 해당 분야에 관한 활동을 조사할 수도 있습니다. 미디어를 통해 보도된 내용을 중심으로 뉴스를 수집할 수 있으며, 기업이 가진 의외의 측면을 알게 되기도 합니다. 특히 환경 지원이나 사회 활동에 대한 노력은 기업 이미지에 영향을 주기 때문에, 확인해서 나쁠 것은 없습니다.

 사용자 8058에 관한 최신 경제 뉴스에 관해 알려 주십시오.

AI 미쓰비시상사(8058)는 최근 다양한 분야에서 활발한 활동을 펼치고 있습니다. 주요 경제 뉴스를 통해 살펴보겠습니다.

1. 자율주행 및 전기차 분야 협력
2024년 11월 4일, 미쓰비시상사는 닛산자동차와 함께 자율주행 및 전기차 관련 서비스 개발을 위해 새로운 회사를 설립하기로 발표했습니다. 양사는 각각 50%씩 출자하여 무인 택시 운영과 전기차 배터리 활용 확대 등을 추진할 예정입니다. 이는 미래 모빌리티 분야에서의 경쟁력 강화를 위한 전략으로 해석됩니다.

2. 중국에서의 구리 거래 사기 피해
2024년 12월 4일, 미쓰비시상사는 중국에서 구리 거래 사기로 약 9,000만 달러(약 1,270억 원)의 손실을 입었다고 밝혔습니다. 상하이 법인의 한 거래 매니저가 본사 승인 없이 지인 기업들을 동원하여 사기 거래를 진행한 것으로 알려졌습니다. 이는 해외 사업에서의 리스크 관리 중요성을 다시 한 번 부각시키는 사례입니다.

3. 말레이시아에서의 LNG 권익 취득
2024년 9월 27일, 미쓰비시상사는 말레이시아에서 액화천연가스(LNG) 관련 새로운 권익을 취득했습니다. 이는 에너지 분야에서의 포트폴리오를 강화하고, 안정적인 에너지 공급망을 확보하기 위한 전략의 일환으로 보입니다.
(이하 생략)

주가 동향과 지표 조사

'일본 주식 GPT'를 사용하면 최근의 주가 동향에 관해 간단하게 조사할 수 있습니다. 질문에 따라 Yahoo! Finance 등에서 주가 정보를 수집해 대답에 반영합니다.

 사용자 8058의 2024년 주가 변동에 관해 자세히 설명해 주십시오.

 AI 미쓰비시상사(三菱商事株式会社, 8058)의 2024년 주가 변동을 월별로 살펴보면 다음과 같습니다.

- **1월**: 5,007엔으로 시작하여 상승세를 보였습니다.
- **3월**: 3월 13일에 3,195엔을 기록하며 연초 대비 약 2배 상승하였습니다.
- **8월**: 8월 16일 기준으로 7,193엔을 기록하며 연초 대비 43.64% 상승하였습니다.
- **10월**: 10월 4일 기준으로 3,082엔을 기록하였습니다.
- **12월**: 12월 26일 기준으로 6,624엔을 기록하며 연초 대비 약 57% 상승하였습니다.

이러한 주가 변동은 글로벌 경기 회복과 에너지 및 광물 가격 상승, 그리고 워렌 버핏의 일본 종합상사 투자 등이 영향을 미친 것으로 분석됩니다.

유가 증권 보고서 PDF 분석

'일본 주식 GPT'는 PDF 읽기도 지원합니다. 프롬프트 입력 필드에 유가 증권 보고서 PDF를 업로드하면 해당 기업의 재무 상황과 실적을 분석할 수 있습니다. 뉴스나 주가 동향만으로는 볼 수 없었던 실상을 확인할 수 있으므로 꼭 시도해보기 바랍니다. 여기에서는 미쓰비시상사(종목 코드: 8058)의 유가 증권 보고서의 예를 들어 PDF 분석 방법을 소개합니다.

❶ 유가 증권 보고서 PDF를 입수한다*

▲ 분석할 기업의 공식 사이트에서 유가 증권 보고서 PDF를 다운로드한다. 미쓰비시상사 홈페이지에서는 '메뉴' → '투자 보고서(投資家情報)' → '라이브러리(ライブラリー)'에서 유가 증권 보고서를 다운로드할 수 있다.

❷ 파일을 업로드한다

▲ '일본 주식 GPT' 프롬프트 입력 필드의 클립 아이콘을 클릭하고, 다운로드한 유가 증권 보고서 PDF 파일을 업로드한다.

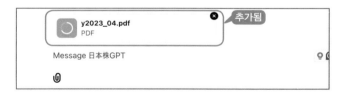

▲ 업로드가 완료되면 프롬프트 입력 필드에 파일명과 아이콘이 표시된다.

PDF 업로드를 마친 후 다음과 같은 프롬프트를 입력하면 재무제표나 실적을 요약할 수 있습니다. 필요하다면 특정 항목에 관한 질문 등을 추가해 업무 보고 내용을 자세히 설명하게 합니다. 그리고 PDF 파일이 있다면 유가 증권 보고서뿐만 아니라 결산 보고나 보도자료를 분석할 수도 있습니다.

---

* https://wwwmitsubishicorpcom/jp/ja/ir/library/fstatement/

(PDF 파일을 업로드한 상태에서) 이 결산 보고서 PDF로부터 재무제표와 실적 분석을 수행해 주십시오.

미쓰비시상사(8058) 2023년도 재무제표 및 실적 분석
연결재무제표
- **연결 손익계산서**
  - 수익: 2023년도 수익은 19조 5,676억 엔으로, 전년도 21조 5,719억 엔 대비 감소했습니다.
  - 매출총이익: 2조 3,597억 엔(전년 대비 약 2,000억 엔 감소).
  - 당기순이익: 9,640억 엔(전년도: 1조 1,806억 엔).
  - 감소 원인: 원자재 시황 변동, 환율 영향 및 일부 자원 사업의 이익 감소가 주요 요인입니다.
- **연결 현금흐름표**
  - 영업활동 현금흐름: 1조 3,474억 엔(전년도: 1조 9,301억 엔).
  - 투자활동 현금흐름: 마이너스 2,057억 엔(전년도: 마이너스 1,774억 엔).
  - 주로 설비 투자와 유형고정자산 취득이 원인입니다.
  - 재무활동 현금흐름: 마이너스 5,067억 엔. 주로 주주환원 정책(배당금 및 자기주식 매입)이 반영되었습니다.
- **연결 재무상태표**
  - 총자산: 23조 4,595억 엔(전년도: 22조 1,475억 엔).
  - 자기자본비율: 38.6%(전년도: 36.4%).
  - 당사 소유자 귀속 지분: 9조 434억 엔으로 증가했습니다.
(이하 생략)

재무제표로부터 주요한 수치를 추출할 수도 있습니다. 하지만 프롬프트에 지시한 실적 분석까지는 수행하지 않습니다. 이것은 ChatGPT가 일본어 PDF를 잘 읽지 못하는 것과 관계가 있다고 생각됩니다.

ChatGPT의 일본어 문서 이해력은 영어 문서 이해력에 비해 떨어집니다. 특히 PDF 문서에서는 문자 인식 정확도가 저하되는 경향이 있습니다. 그렇기 때문에 여기에서 읽게 한 유가 증권 보고서 같은 복잡한 일본어 문서에서 필요한 정보를 적확하게 추출하기는 어렵습니다. 그래서 일본어(한국어) 이해력이 뛰어난 Claude 3에서 재무제표를 읽어 확인하는 것을 권장합니다.

Claude 3을 사용하면 재무제표에서 주요한 수치를 추출하는 것뿐만 아니라 실적 분석까지 수행해 줍니다. 이를 통해 기업 재무 상황을 보다 깊이 이해하고 적확한 투자 판단을 내릴 수 있습니다.

04

GPTs로 미국 주식 이외의
정보를 수집하자

[GPTs 활용–TradeGPT: Real–time Stock Analysis&Prediction]

AI 투자 어시스턴트를 사용하자!
주식 예측부터 리스크 관리까지 한번에

POINT

❶ 'TradeGPT'로 기업 주가를 예측한다.
❷ 시장 트렌드 분석으로 투자 분야와 종목을 선정한다.
❸ 분산 투자를 통한 리스크 관리 조언을 얻는다.

업계 최초의 AI 투자 어시스턴트를 미리 체험해 보자!

'TradeGPT'는 세계적인 온라인 증권 회사인 Tiger Brokers가 제공하는 AI 투자 어시스턴트인 'TigerGPT'(https://ttm.financial/gpt)의 체험 버전입니다. 'TigerGPT'는 투자 관련 질문에 신속하게 답변하는 업계 최초의 AI 투자 어시스턴트로 주목받고 있는 서비스입니다. 무료로 사용하기 위해서는 전화번호를 등록해야 하며, 질문은 세 번만 가능합니다. 이후에는 여권 등의 서류를 등록해야 하므로 간단하게 사용할 수 없습니다. 하지만 'TradeGPT'는 GPTs이기 때문에 전화번호나 여권 등의 서류가 필요하지 않습니다. 가볍게 여러 차례 질문할 수 있습니다.

'TradeGPT'는 주가 예측, 금융 정보 수집, 주식 평가 및 트렌드 분석, 투자 조언 등 'TigerGPT'와 거의 비슷한 기능을 갖고 있습니다. 단, 수집할 수 있는 정보는 다소 제한됩니다. 또한 'TradeGPT'가 분석 중 데이터를 수집할 때 특정 사이트에 접속해야 하기 때문에 접근 권한의 허가를 요청하는 메시지가 표시됩니다. 이 메시지가 표시될 때 [허가(Allow)] 또는 [항상 허가(Always Allow)]를 클릭하면 계속해서 데이터를 수집합니다.

TradeGPT – Real–time Stock Analysis & Prediction

개발자: anser.im
URL: https://chatgpt.com/g/g-dbneQgikc-tradegpt-real-time-stock-analysis-prediction

기업 주가 예측 및 평가

'TradeGPT'에서는 'TARGET PRICE FORECAST(목표 주가 예측)' 기능을 사용해 주가를 예측합니다. 이 분석 방법은 세계 동향, 기업 재무 상황, 시장 환경, 거시 경제 요인 등 다양한 요소를 고려합니다. AI 투자 어시스턴트인 'TigerGPT'에서도 사용되는 방법이므로 어느 정도 신뢰성이 있다고 볼 수 있습니다. 이 분석 방법을 사용해 기업 주가를 예측할 때는 프롬프트를 다음과 같이 작성합니다.

 APPL의 목표 주가를 예측해 알려 주십시오.

 Apple(AAPL)의 목표 주가와 관련된 최근 정보에 따르면, 42명의 분석가들이 예측한 평균 목표 주가는 241.68 USD이며, 최저값은 183.86 USD, 최고값은 300.00 USD입니다. 분석가의 추천은 "매수" 또는 "보유"에 집중되어 있으며, 12명이 "강력 추천", 23명이 "매수 추천", 12명이 "보유", 2명이 "언더퍼폼"을 권장하고 있습니다.

회사 실적 요약
- **2024년 4분기 기준**
  - 주당순이익(EPS): 0.97 USD
  - 총 마진: 46.22%
  - 순이익률: 15.52%
- **미래 전망**
  - 2025년 예상 EPS: 7.39 USD
  - 2027년 예상 EPS: 9.35 USD
  매출과 이익은 각각 지속적으로 증가할 것으로 전망됩니다.

최근 주가 동향
현재 주가는 228.02 USD이며, 지지선은 224.97 USD, 저항선은 227.77 USD입니다. 지난 5일간의 자본 흐름 데이터를 보면, 가장 최근에는 자본 유입이 증가한 것으로 나타났습니다.

주요 뉴스와 시사점
- **긍정적인 요인**
  - Apple의 iPhone 관련 사업 확장.
  - 인공지능과 반도체 관련 긍정적인 시장 흐름.
- **부정적인 요인**
  - 소비자 물가 지수 상승으로 인한 금리 인상 가능성.
  - iCloud 서비스와 관련된 반독점 소송.
(이하 생략)

이 목표 주가 예측은 애플의 혁신적인 제품과 서비스, 업계 성장성을 올바르게 고려하고 있다고 할 수 있습니다. 그리고 최신 실적과 향후 EPS(Earning Per Share, 주당 순이익) 예측, 현재 주가 수준, 분석가 의견 등 다각적인 시점에서 분석하고 있습니다. 긍정적인 측면의 뉴스와 부정적인 측면의 뉴스를 모두 참조한다는 점 역시 'Trade GPT'의 주가 예상을 긍정적으로 생각할 수 있게 합니다.

단, 장기적인 주가 예측에 있어 위해 리스크나 지정학적 리스크 등의 글로벌 불확실성 요인을 충분히 고려하지 않은 것으로 보입니다. 그리고 AI, 5G/6G, AR 등 향후 메인 시장이 될 기술 관련 비즈니스 기회나 라이벌 기업과의 경쟁 현황, 규제 당국 동향 등 외부 환경 분석은 보다 철저히 해야 할 것입니다. 주주 환원 정책 등 애플의 재무 전력에 관한 정보가 부족한 점도 주의해야 합니다.

투자에서는 예측에 관련된 정보를 철저하게 찾고 그 예측이 도출된 배경을 확인하는 등 분석 배경에 관해 인지하는 것이 중요합니다. 이를 이해한다면 정보에 기반한 한층 정확한 판단을 내릴 수 있습니다. 'TradeGPT'에 다음과 같은 질문을 활용해 분석 배경에 관해 알 수 있습니다.

 위 주가 예측의 배경에는 어떤 요인들이 있습니까?

 Apple(AAPL)의 주가 예측에는 다양한 요인들이 영향을 미치고 있습니다. 이를 크게 긍정적 요인과 부정적 요인으로 나눠 분석할 수 있습니다.

긍정적 요인
- **기술 혁신**
  - Apple은 지속적인 기술 혁신을 통해 시장 내에서 강력한 입지를 유지하고 있습니다.
  - M 시리즈 칩 개발: 최신 MacBook Pro에 사용된 M4 칩은 고성능 컴퓨팅 시장에서 높은 평가를 받고 있습니다.
  - iPhone 판매: 특히 프리미엄 스마트폰 시장에서의 독점적 위치를 통해 안정적인 수익 창출.
  - 인공지능(AI) 시장 성장: Apple의 독점 칩과 AI 기술 적용이 회사의 수익성을 강화할 가능성이 있습니다.
- **신흥 시장 확장**
  - 인도에서의 생산 및 공급망 확대: 최근 Tata와 Pegatron 간의 협력으로 인도 내 iPhone 생산이 강화되고, 이는 비용 절감 및 새로운 시장에서의 점유율 증가를 기대하게 합니다. 중국 의존도 감소: 글로벌 공급망 다각화를 통해 지정학적 리스크를 완화하고 있습니다.

- **안정적인 재무 상태**
  - Apple은 높은 이익률과 안정적인 현금 흐름으로 시장에서 신뢰받는 기업으로 자리 잡고 있습니다. 최근 EPS와 순이익률 데이터는 업계 평균을 상회합니다.
- **투자자 신뢰**
  - Apple은 S&P 500 내에서도 안정적인 주식으로 간주되며, 배당금 정책과 주식 환매 프로그램을 통해 투자자의 신뢰를 유지하고 있습니다.

부정적 요인
- **매크로 경제 요인**
  - 금리 상승 가능성: 최근 소비자 물가 지수(CPI)가 상승하면서 금리 인상이 논의되고 있습니다. 이는 기술주 전반에 부담을 줄 수 있습니다.
  - 미중 무역 갈등: Apple 제품의 상당 부분이 중국에서 제조되고 있으므로, 미중 무역 긴장이 Apple의 비용 구조와 제품 가격에 영향을 미칠 가능성이 있습니다.
- **법적 및 규제 리스크**
  - iCloud 관련 반독점 소송: 영국과 유럽연합(EU)에서 제기된 소송으로 인해 잠재적인 벌금 및 규제가 예상됩니다.
  - 앱 스토어 정책: EU의 디지털 시장법(DMA)에 따른 압박이 Apple의 비즈니스 모델에 영향을 줄 수 있습니다.
- **경쟁 심화**
  - AI 및 반도체 경쟁: Nvidia, Microsoft 등과 같은 경쟁사들이 AI 및 칩 기술 시장에서 주도권을 잡으려는 노력이 Apple의 시장 점유율에 도전이 될 수 있습니다.
- **스마트폰 수요 둔화**
  - 분석가들은 Apple의 iPhone 판매가 연말까지 급격히 증가하지 않을 것으로 보고 있습니다. 이는 전반적인 소비 둔화와 밀접하게 연결됩니다.

(이하 생략)

'TradeGPT'를 사용하면 평가 분석을 사용해 기업 주가가 적정한지 평가할 수도 있습니다. 이 분석에서는 다양한 재무 지표와 비율(PER[주가수익율], PBR[주가순자산비율], 당기순이익 등)을 사용해 기업의 현재 시장 가격을 평가할 수 있습니다. 그리고 업계 평균치와 경쟁 기업과의 비교도 할 수 있어, 해당 기업의 주가가 투자자에게 있어 매력적인지 분석할 수도 있습니다. 평가 분석을 하고 싶다면 프롬프트에 다음과 같이 입력합니다.

사용자 APPL의 현재 평가 분석을 제공해 주십시오.

 AI Apple(AAPL)의 현재 평가 분석을 다음과 같이 요약할 수 있습니다:

주가와 목표 주가
- **현재 주가**: 228.02 USD

분석가 목표 주가:
- **평균**: 241.68 USD
- **최저**: 183.86 USD
- **최고**: 300.00 USD

분석가 추천:
- **12명**: 강력 추천
- **23명**: 매수
- **12명**: 보유
- **2명**: 언더퍼폼

재무 지표 및 실적
- **최근 실적(2024년 4분기)**
  - EPS(주당순이익): 0.97 USD
  - 총 이익률: 46.22%
  - 순이익률: 15.52%
  - 자산 대비 부채 비율: 67.64%
  - ROE(자기자본이익률): 95.33%
- **미래 예상 실적**
  - 2025년 예상 EPS: 7.39 USD
  - 2027년 예상 EPS: 9.35 USD
- **매출 증가 예상**
  - 2025년: 414.53B USD
  - 2027년: 476.50B USD
- **기술적 분석**
  - 지지선: 224.97 USD
  - 저항선: 227.77 USD
  - 평균 매수 가격: 227.88 USD

(이하 생략)

108

┃시장 전체 트렌드 분석

주식 투자에서 투자처를 결정할 때는 시장 동향과 트렌드를 조사하면 효과적입니다. 'TradeGPT'는 'STOCK ANALYSIS' 기능을 사용해 시장 전체의 트렌드 분석, 평가 분석을 수행하고 주식이 어떤 영향을 받을 수 있는지 평가할 수 있습니다. 시장 트렌드를 조사할 때는 프롬프트에 다음과 같이 입력해 봅시다.

> **사용자** 현재 시장 트렌드에 기반해 투자에 적합한 분야가 무엇인지 알려 주십시오.

> 현재 시장 트렌드에 기반한 투자에 적합한 분야는 다음과 같습니다:
>
> **인공지능(AI) 및 기술**
> - **성장 요인**
>   - AI 기술에 대한 수요 증가로 인해 반도체 및 클라우드 인프라의 수요가 크게 확대.
>   - Nvidia, Microsoft, Apple과 같은 기업들이 AI와 관련된 제품과 서비스를 강화 중.
>   - Generative AI, 머신러닝, 자율주행 등 고성장 산업 분야.
> - **투자 기회**: 반도체 제조업체(Nvidia, AMD 등) 및 클라우드 서비스(Amazon, Microsoft Azure).
>
> **재생에너지 및 전기차(EV)**
> - **성장 요인**
>   - 글로벌 친환경 정책 강화로 인해 태양광, 풍력, 전기차에 대한 투자 확대.
>   - 전기차 시장의 급격한 확장과 함께 배터리 및 충전 인프라 관련 산업도 성장.
>   - Tesla, BYD와 같은 전기차 제조업체뿐만 아니라 에너지 저장 기술에도 기회 존재.
> - **투자 기회**: 재생에너지 ETF, 배터리 소재 관련 기업(LG에너지솔루션, CATL 등).

이 질문에 대해 'TradeGPT'는 시장 분야에서 투자할만한 분야로 인공지능(AI) 및 기술, 재생에너지 및 전기차(EV)를 추천했습니다. 그 밖에 반도체, 탈탄소/재생 가능 에너지, 이커머스 관련 분야를 들 수도 있습니다. 분야를 막론하고 극히 당연한 결론을 얻을 수 있는 영역에서는 굳이 생성형 AI를 사용할 필요가 없습니다.

특히, 이번 프롬프트는 질문이 모호하기 때문에 이렇게 일반적인 대답을 하는 것이 당연합니다. 생성형 AI에게 질문할 때는 가능한 한 세부적인 조건을 설정하고, 정확한 용어 등을 프롬프트에 포함하지 않으면 생각한 결론을 얻을 수 없다고 생각하는 편이 좋습니다. 예를 들어 '많은 투자자가 주목하는 분야는 피하고 싶다' 같은 표현을 추가하면 초보 투자자를 대상으로 하지 않는 내용도 얻을 수 있을 것입니다. 리사이클/폐기물 처리, 대체 투자(헷지 펀드, 프라이빗 에쿼티, 대체 크레딧), 신흥국 금융, 디지털 서비스 같은 고위험 고수익 투자처를 포함하는 분야를 알려 줍니다. 이들은 실제 투자에 앞서 일정 수준의 지식이 필요해, 누구에게나 권장할 수 있는 투자처는 아니지만 인식해두고 있다면 나쁘지 않을 것입니다.

분석 결과에서 권장 분야나 투자처에 관해 질문할 수도 있습니다. 단, 상당히 대략적인 평가이므로 몇 가지 다른 질문을 던져서 얻은 여러 대답을 참조하는 것이 좋습니다.

 위 분석에 기반해 가장 추천하는 분야를 알려 주십시오. 그리고 그 분야의 추천 종목 세 개를 선택해 주십시오.

 현재 시장 트렌드와 성장성을 고려할 때 가장 추천하는 분야는 인공지능(AI) 및 기술 분야입니다. 이 분야는 기술 혁신과 디지털 전환에 대한 글로벌 수요 증가로 인해 지속적인 성장이 예상됩니다.

추천 이유

- **높은 성장 잠재력**: Generative AI, 자율주행, 머신러닝 등 혁신 기술들이 각 산업에 깊이 침투하고 있습니다.
- **인프라 및 생태계 확대**: AI를 지원하기 위한 반도체, 클라우드, 데이터센터 관련 인프라에 대한 수요가 꾸준히 증가.
- **선도 기업의 주도**: Nvidia, Microsoft, Apple과 같은 글로벌 리더들이 AI 기술 개발을 선도.

추천 종목 3개

Nvidia(NVDA)
- **주요 이유**
  - AI와 데이터센터용 고성능 GPU 시장에서 절대적인 점유율을 보유.
  - Generative AI 확산과 관련된 주요 기술 제공.
- **성장성**: 최근 실적에서 AI 수요 급증으로 매출과 이익이 폭발적으로 증가.

Microsoft(MSFT)
- **주요 이유**
  - 클라우드 플랫폼 Azure를 통해 AI 및 머신러닝 서비스를 강화.
  - OpenAI와의 협력을 통해 ChatGPT와 같은 혁신적 AI 기술 개발.
- **성장성**: 클라우드 및 AI 관련 수익이 계속해서 상승세를 기록 중.

Alphabet(GOOGL, 구글)
- **주요 이유**
  - AI 연구의 선두주자(Google AI, DeepMind)로서 독보적인 기술력 보유.
  - 검색 및 광고 시장 외에도 AI 기반 클라우드 서비스 확장.
- **성장성**: AI 모델 확장과 Google Cloud 플랫폼의 지속적인 성장.
(이하 생략)

리스크 관리에 관한 조언 얻기

투자에는 항상 리스크가 따릅니다. 시장 가격 변동, 기업 실적 악화, 경제 정세 변화 등 다양한 요인에 의해 손실을 입을 가능성이 있습니다. 리스크 관리를 통해 이 리스크들을 미리 파악하고 허용 범위 안으로 억제함으로써 손실을 회피하거나 최소화할 수 있습니다.

리스크 관리 방법 중 대표적인 것으로 투자 대상 분산과 포트폴리오 수정이 있습니다. 예를 들어 다음과 같이 질문해서 분산 투자에 관한 조언을 얻을 수 있습니다.

 현재의 시장 상황을 고려할 때 포트폴리오 분산을 어떻게 개선하면 좋을지 알려 주십시오.

 현재의 시장 상황에서 포트폴리오 분산을 개선하기 위해 다음과 같은 전략을 고려할 수 있습니다. 이는 경제 불확실성, 금리 상승, 기술 혁신 등을 종합적으로 반영한 접근 방식입니다.

포트폴리오 분산의 기본 원칙
- **다양한 자산군에 분산 투자**: 주식, 채권, 부동산, 원자재 등 서로 상관관계가 낮은 자산군을 포함.
- **지역적 분산**: 선진국(미국, 유럽)과 신흥시장(인도, 동남아시아) 간의 균형을 유지.
- **산업별 분산**: 기술, 헬스케어, 재생에너지, 필수소비재 등 여러 산업에 투자.

추천 분산 전략
- **주식**
  - 고성장 기술주: Nvidia, Microsoft, Alphabet와 같은 AI 및 기술 관련 기업.
  - 안정적 배당주: 필수소비재나 유틸리티 섹터의 안정적인 배당 제공 기업(P&G, Coca-Cola).
  - 신흥시장 주식: 인도 및 동남아시아의 기술 및 제조업 관련 기업.
- **채권**
  - 단기 국채: 금리 상승기에 안정적인 수익을 제공하는 단기 국채에 투자.
  - 회사채: 신용 등급이 높은 회사채를 포함하여 채권 포트폴리오를 다각화.
- **대체 투자**
  - 재생에너지 및 전기차 ETF: 장기적 성장 가능성이 높은 재생에너지 관련 산업에 투자.
  - 원자재: 금, 은과 같은 귀금속 또는 농산물 ETF로 인플레이션 헤지.
- **신흥시장 및 글로벌 ETF**
  - 글로벌 주식 ETF: S&P 500 ETF와 같은 선진국 주식 ETF와 신흥시장 ETF(MSCI Emerging Markets)를 결합.
  - 테마별 ETF: AI, 클린에너지, 헬스케어 등 특정 테마에 집중된 ETF.

(이하 생략)

[GPTs 활용–Market Maven]

미국 주식을 다룬다면 필수!
경제 지표도 확인까지

❶ 'Market Maven'을 사용해 시장 동향을 조사할 수 있다.
❷ 특정 기업의 실적, 리스크와 리턴을 평가한다.
❸ 최신 뉴스를 수집하고 추천 종목을 제안하게 한다.

실시간으로 미국 주식 시장과 업계 실적 분석

'Market Maven'은 미국 주식 시장에 관한 포괄적인 인사이트와 정보를 제공하기 위한 커스텀 GPT입니다. 복잡한 금융 개념을 이해하기 쉽게 설명하고, 사용자가 보다 좋은 의사 결정을 할 수 있게 지원합니다. 그리고 개별 시장 동향, 기업 분석, 리스크 평가에 관한 데이터와 인사이트를 제공합니다. 'Market Maven'은 또한 다음과 같은 기능을 갖고 있습니다.

• **시장 동향 분석**: 미국 주식 시장의 최신 동향과 트렌드에 관한 분석
• **기업 분석**: 특정 기업에 관한 재무 상황, 실적 보고서, 시장 안에서의 위치 등에 관한 상세한 분석
• **뉴스 제공**: 관련된 최신 금융 뉴스 및 시장에 영향을 미치는 이벤트 관련 정보 제공
• **경제 지표 예정표**: 투자자가 알고 있어야 할, 이후 발표될 중요한 경제 지표의 예정 제공
• **그래프와 테이블을 사용한 시각적인 정보 제시**: 숫자 및 데이터를 이해하기 쉽도록 전달하기 위해 그래프와 테이블을 사용해 정보 제시
• **리스크와 리턴 평가**: 투자 관련 리스크 및 리턴을 분석하고, 균형 잡힌 관점에서의 조언을 제공

Market Maven

개발자: community builder(JUNYA TANIGUCHI)
URL: https://chatgpt.com/g/g-Pyx08Cc8n-market-maven

▮ 시장 전체의 동향에 관해 조사

투자에서는 시장 전체의 동향을 이해해야 합니다. 특히 미국 주식 시장 상황과 변동, 미래 예측과 같은 정보는 투자 전략을 세우는 데 반드시 필요합니다. 이를 위해서는 신뢰할 수 있는 정보 소스로부터 정보를 얻어야 하며, 개별적으로 이런 정보를 수집하기는 매우 어렵습니다. 그래서 'Market Maven'을 사용해 미국 주식 시장 상황에 관해 질문해 봅시다. 전체적인 동향에 관해 알고 싶은 경우라면 간단한 질문으로도 어느 정도 만족할만한 대답을 얻을 수 있습니다.

 현재 미국 주식 시장 상황에 관해 알려 주십시오.

 현재 미국 주식 시장 상황을 요약하면 다음과 같습니다:

최근 시장 동향

- **지난 7일간의 시장 변동:**
  - 미국 주식 시장은 최근 2.1% 하락했지만, 지난 1년 동안 약 30% 상승을 기록했습니다.
  - 연간 약 15%의 이익 성장이 예상되며, 이는 투자자들에게 여전히 긍정적인 신호로 평가됩니다.
- **투자자 신뢰도:**
  - 영국 및 유럽 주식에 대한 투자자 신뢰는 감소한 반면, 미국 주식과 기술 펀드에 대한 신뢰는 상승했습니다.
  - Hargreaves Lansdown 보고서에 따르면, 아시아-태평양과 북미 주식에 대한 신뢰가 강세를 보이고 있습니다.
- **ETF와 주요 주가지수:**
  - Invesco QQQ Trust(QQQ)는 0.8% 상승하며 기술주 중심의 강세를 보여줍니다.
  - 주요 지수와 ETF들이 전반적으로 상승세를 기록했습니다.

시장 포지션

미국은 선진국 시장 중 가장 강력한 경제 성장을 지속하고 있으며, 연방준비제도의 금리 인하 가능성과 세금 감면 정책이 긍정적으로 작용하고 있습니다.

주목할 만한 점

- 소형주와 내부 거래가 활발한 저평가 주식이 주목받고 있습니다.
- 기술 섹터 중심의 ETF와 미국 주식 시장의 강세는 글로벌 투자자들에게 매력적인 기회로 작용하고 있습니다.

이렇게 간단한 질문으로도 미국 시장의 전반적인 경향과 그 요인에 관해 쉽게 알 수 있습니다. 만약 이후의 시장 예측에 관해 알고 싶을 때는 다음과 같이 질문합니다.

 향후 수개월 동안의 미국 주식 시장을 예측해 주십시오.

 향후 수개월 동안의 미국 주식 시장에 대한 예측은 다양한 경제적, 정치적, 시장적 요인을 고려하여 분석할 수 있습니다. 다음은 예상되는 주요 동향과 요인들입니다.

금리 정책과 연방준비제도(Fed)의 움직임

- **금리 인상 가능성 감소:** 미국 연방준비제도는 인플레이션이 안정화되는 징후를 보이면 금리 인상 주기를 멈출 가능성이 높습니다. 이는 주식 시장, 특히 기술주에 긍정적인 영향을 줄 수 있습니다.
- **금리 인하 기대감:** 경기 둔화 우려가 커질 경우, 2024년 중반 이후 금리 인하 가능성이 논의될 수 있습니다.

경제 성장과 기업 실적

- **기업 실적 증가 기대:** AI, 클라우드 컴퓨팅, 전기차와 같은 고성장 산업을 중심으로 주요 기술 기업들의 실적이 계속해서 증가할 가능성이 큽니다.
- **소비자 지출 둔화 우려:** 금리가 여전히 높은 수준을 유지하면 소비자 지출이 둔화될 수 있으며, 이는 소비재 및 부동산 섹터에 부정적인 영향을 미칠 수 있습니다.

지정학적 요인

- **미중 무역 갈등:** 미국과 중국 간의 기술 및 무역 갈등이 심화될 경우 일부 기술주 및 제조업 섹터에 부정적인 영향을 줄 수 있습니다.
- **대선 관련 정치적 불확실성:** 2024년 미국 대선을 앞두고 정치적 불확실성이 시장 변동성을 키울 수 있습니다.

(이하 생략)

이렇게 질문을 계속하면 보다 깊이 있는 정보를 찾아낼 수 있습니다. 이후 이전 질문에서 얻은 대답을 바탕으로 세부 사항에 관해 질문을 반복함으로써 보다 상세한 정보를 얻을 수 있을 것입니다.

▍특정 기업의 실적과 리스크 조사

'Market Maven'을 사용하면 특정 기업에 관한 재무 상황, 실적 보고서, 시장 안에서의 위치 등 다양한 것을 조사할 수 있습니다. 예를 들면 기업의 수익성, 성장성, 재무 건전성 같은 기본적인 정보부터 경쟁 기업과의 비교, 사업 환경 분석, 미래 실적 예측에 이르기까지 다양한 데이터를 제공해 줍니다. 단, 같은 이름의 기업이 여럿 존재하는 경우에는 기업명만으로는 데이터를 얻지 못할 수도 있습니다. 이런 경우에는 티커 심볼(주식 시장에서 기업을 식별하기 위한 약칭)을 프롬프트에 포함하면 됩니다.

 존슨 앤드 존슨(JNJ)의 최근 실적에 관해 알려 주십시오.

 존슨 앤드 존슨(JNJ)의 2024년 3분기 실적을 요약하면 다음과 같습니다.

주요 실적 데이터(2024년 3분기)
- **순이익**: 26.9억 달러(전년 동기 대비 감소)
- **EPS(주당순이익)**: 1.12 USD(전년 동기의 10.32 USD에서 감소)
- **총 이익률**: 69.93%(전년 동기 70.12%와 유사)
- **순이익률**: 11.99%(전년 동기 121.91%에서 하락)
- **부채 비율**: 총 자산 대비 33.76%(전년 동기 29.58%에서 증가)

주요 실적 요약 및 하이라이트
긍정적 포인트:
- **매출 성장**: 6.3%의 운영 매출 성장률.
- **신약 성과**:
  - Darzalex: 분기 매출 30억 달러를 초과하며 포트폴리오 내 최초.
  - Rybrevant 및 Tremfya: 새로운 치료 옵션으로 FDA 승인.
- **카테고리 리더십 강화**:
  - Shockwave 및 Abiomed 인수로 심혈관 시장 내 입지 강화.
  - Abiomed는 모든 지역에서 16.3%의 성장 기록.
- **재무 상태**: 연간 약 140억 달러의 자유 현금 흐름을 기록.

부정적 포인트:
- **순이익 감소**: 신규 연구개발 비용 12.5억 달러 및 소송 합의금 17.5억 달러가 순이익 감소에 기여.
- **스텔라라(Stelara) 매출 감소**: 순환환자 감소와 시장 점유율 하락으로 인해 5.7% 감소.
- **높아진 세율**: 효과적 세율이 전년 동기 17.4%에서 19.3%로 상승.

기업 실적 데이터로부터 실적이 직면한 리스크 요소를 특정할 수 있습니다. 리스크 요소에는 업계 경쟁 현황, 경제 환경 변화, 규제 영향, 기술 진보 등 다양한 요소가 포함됩니다. 이들을 이해함으로써 미래의 실적에 영향을 미치는 문제를 예측할 수 있습니다. 그리고 실적 데이터로부터 기대되는 수익도 평가할 수 있습니다. 배당 이익, 주가 상승, 기업 성장률 등 다양한 요소가 있으며, 이들을 평가함으로써 투자 목표에 적합한지 판단할 수 있습니다.

그러면 실적 데이터로부터 리스크 요소와 수익 요소에 관해 조사해 봅시다. 다음과 같이 프롬프트를 입력할 수 있습니다.

현재 실적 현황에서 리스크가 될 부분이 있습니까? 또한 이 투자가 향후 어떤 수익을 가져다 줄 가능성이 있는지 분석해 주십시오.

존슨 앤드 존슨(JNJ)의 현재 실적을 기반으로 리스크와 향후 수익 가능성을 분석하면 다음과 같습니다.

리스크 요인
• 소송 및 법적 리스크
 - 소송 비용: 2024년 3분기에 17.5억 달러의 비용이 소송 합의금(탈크 관련)에 사용되었으며, 이는 수익성과 재무 구조에 단기적인 부담을 주고 있습니다.
 - 규제 리스크: 헬스케어 산업 특성상 FDA 규제나 시장 진입 장벽 등 예측하기 어려운 요인이 수익성에 영향을 줄 가능성이 있습니다.
• 특정 제품의 매출 감소
 - Stelara(스텔라라): 주요 면역학 제품인 Stelara의 매출이 환자 감소와 경쟁 심화로 인해 5.7% 감소하였습니다. 이는 주요 제품 의존도가 높은 JNJ의 단기 실적에 부정적인 영향을 줄 수 있습니다.
• 외부 환경 요인
 - 금리 상승: 높은 금리는 부채 상환 비용을 증가시키며, Shockwave와 같은 대규모 인수 자금 조달 비용을 높일 수 있습니다.
 - 글로벌 경제 둔화: 헬스케어 제품의 수요는 경제 상황과 연관될 수 있으며, 소비 둔화 시 특정 제품 판매가 감소할 가능성이 있습니다.
(이하 생략)

경제 지표에 영향을 미칠 수 있는 예정 사항 조사

경제 지표는 국가나 지역 경제 활동의 현상과 미래의 예측을 나타내는 바로미터이므로 시장 동향을 이해하고, 미래 시장의 움직임을 예측할 때 사용할 수 있습니다. 예를들면, 고용 통계나 인플레이션율, GDP 성장률 등의 지표는 시장 동향을 크게 좌우하기도 하며 지표가 예상 밖의 값을 나타냈을 때나 예상보다 큰 폭으로 위아래로 움직일 때는 시장이 크게 요동치기도 합니다. 이렇게 경제 지표는 투자 전략을 세우는 데 있어 매우 중요한 요소이기 때문에, 지표 발표 일정을 사전에 알아두면 시장 변동에 대비할 수 있습니다. 경제 지표 발표 일정을 파악할 때는 다음과 같이 질문할 수 있습니다.

 12월까지 발표되는 중요한 경제 지표 일정을 알려 주십시오.

 2024년 11월 19일 기준, 12월 말까지 발표 예정인 주요 경제 지표 일정을 다음과 같이 정리하였습니다. 이러한 지표들은 금융 시장과 경제 전반에 중요한 영향을 미치므로 투자자와 경제 참여자들은 주의 깊게 살펴보시기 바랍니다.

날짜(한국 시간)	국가	지표명	설명
11월 28일	한국	기준금리 결정	한국은행 금융통화위원회의 기준금리 발표
11월 28일	한국	산업생산(10월)	제조업 및 광공업 생산 동향
11월 28일	한국	소매판매(10월)	국내 소매 판매 동향
12월 1일	한국	수출입 동향(11월)	월간 수출입 실적 및 무역수지
12월 2일	한국	제조업 PMI(11월)	제조업 구매관리자지수, 경기 동향 지표
12월 2일	한국	소비자물가지수(11월)	소비자 물가 상승률 지표
12월 3일	한국	외환보유액(11월)	국가 외환보유액 현황
12월 4일	한국	GDP 성장률(3분기, 확정치)	국내총생산 성장률 확정치
12월 5일	한국	경상수지(10월)	국가 간 상품 및 서비스 거래 수지
12월 12일	미국	FOMC 기준금리 결정	연방공개시장위원회의 기준금리 발표
12월 13일	미국	소비자물가지수(11월)	미국 소비자 물가 상승률 지표
12월 14일	미국	소매판매(11월)	미국 소매 판매 동향
12월 20일	일본	BOJ 통화정책회의	일본은행의 통화정책 결정 발표

발표된 경제 지표가 시장에 어떤 영향을 주었는지 이해하면, 시장의 움직임을 예측하고 투자 포지션을 적절하게 조정할 수 있게 됩니다. 'Market Maven'은 과거 지표 발표 시 시장의 반응을 학습함으로써 경제 지표의 발표 전후 시장의 움직임을 분석하고, 그 결과로부터 시장의 반응을 예측할 수 있습니다. 이를 통해 사용자는 시장의 움직임을 미리 읽고, 리스크를 관리하면서 최적의 투자 결정을 내릴 수 있습니다. 즉, 자신의 투자 전략에 맞게 포지션을 조정함으로써 시장의 변동에 유연하게 대응할 수 있게 되는 것입니다.

 미국의 다음 국제 투자 포지션 발표일 및 그 지표가 시장에 주는 영향에 관해 자세히 알려 주십시오.

 미국의 국제 투자 포지션(Net International Investment Position, NIIP)은 미국 거주자의 해외 자산과 비거주자의 미국 내 자산의 차이를 나타내는 지표로, 국가의 대외 순자산을 평가하는 데 사용됩니다.
- **다음 발표 일정**: 미국 상무부 산하 경제분석국(Bureau of Economic Analysis, BEA)은 NIIP를 분기별로 발표합니다. 2024년 3분기 NIIP는 2024년 12월 27일에 발표될 예정입니다. 이 발표는 BEA의 공식 웹사이트를 통해 확인하실 수 있습니다.
- **시장에 미치는 영향**: NIIP는 국가의 대외 채무 상태와 투자 수익 흐름을 파악하는 데 중요한 지표입니다. NIIP가 마이너스일 경우, 해당 국가는 외국으로부터의 자본 유입이 많음을 의미하며, 이는 대외 채무 증가로 해석될 수 있습니다. 반대로, 플러스일 경우 대외 자산이 더 많음을 나타냅니다.

NIIP의 변화는 다음과 같은 방식으로 시장에 영향을 미칠 수 있습니다:
- **환율 변동**: NIIP 악화는 달러화 약세 압력으로 작용할 수 있으며, 이는 수출 경쟁력에 영향을 미칠 수 있습니다.
- **금리 변화**: 대외 채무 증가로 인해 미국 국채 수요가 감소하면 금리가 상승할 수 있습니다.
- **투자자 심리**: NIIP는 국가의 재정 건전성을 평가하는 지표 중 하나로, 투자자들의 신뢰도에 영향을 미칠 수 있습니다.

따라서, NIIP 발표는 금융 시장 참가자들에게 중요한 참고 자료로 활용되며, 경제 정책 결정에도 영향을 줄 수 있습니다.

투자 관련 뉴스 입수

주식 투자를 할 때는 시장에 영향을 주는 최신 뉴스 및 사건에 관한 정보를 반드시 수집해야 합니다. 주가는 기업의 실적은 물론 경제 상황, 정치 동향, 사회 정세 등 다양한 요인에 의해 좌우되기 때문에 이 변화들을 민감하게 살피고, 신속하게 대응해야 합니다. 'Market Maven'을 사용하면 원하는 뉴스의 종류를 언급하는 것만으로 최신 뉴스를 입수할 수 있습니다. 특정 기업의 실적에 관한 뉴스, 특정 산업에 영향을 주는 정책 변경에 관한 뉴스 등 알고 싶은 주제에 관한 최신 정보를 쉽게 얻을 수 있습니다. 특히 한국에서는 미국 시장의 움직임이나 실적에 영향을 미치는 중요한 뉴스를 읽기 어려우므로, 이 기능을 활용하면 미국 주식 투자가 매우 쉬워질 것입니다.

 사용자 미국 주식 시장에서의 최신 투자 뉴스에 관해 알려 주십시오.

 AI 미국 주식 시장은 최근 다양한 요인으로 인해 활발한 움직임을 보이고 있습니다. 주요 투자 뉴스를 다음과 같이 정리하였습니다.

시장 전망과 주요 지수 동향

- **골드만삭스의 낙관적 전망**: 골드만삭스의 수석 주식 전략가 데이비드 코스틴은 S&P 500 지수가 내년 말까지 현재보다 약 10% 상승한 6,500에 도달할 것으로 전망하였습니다. 이는 '매그니피센트 7'으로 불리는 주요 기술주들의 강세에 기반한 것입니다.
- **대선 이후 랠리 지속**: 미국 대선 이후 주식 시장의 상승세가 지속되고 있습니다. 주요 기술주들의 주도 아래 강력한 소비자 신뢰와 상승장 분위기가 이어지고 있습니다.

투자자 동향

- **'서학개미'의 미국 주식 투자 증가**: 국내 투자자들의 미국 주식 보유액이 역대 최대인 140조 원을 넘어섰습니다. 이는 국내 증시 부진과 미국 주식의 매력도 상승에 따른 결과로 분석됩니다.

개별 종목 소식

- **앱러빈(AppLovin)의 주가 급등**: 디지털 광고업체 앱러빈의 주가가 올해 들어 310% 상승하며, 시가총액 50억 달러 이상의 미국 기술 기업 중 가장 높은 상승률을 기록하였습니다.

경제 지표와 정책 동향

- **연준의 금리 정책 주목**: 투자자들은 연방준비제도(Fed)의 금리 정책과 경제 지표 발표에 주목하고 있습니다. 특히, 인플레이션 지표와 소비자 지출 데이터가 시장에 큰 영향을 미칠 것으로 예상됩니다.

(이하 생략)

물론 전반적인 뉴스가 아닌, 자신이 투자하고 있는 분야 및 기업과 관련된 뉴스만 선택해서 조사할 수도 있습니다. 자신의 포트폴리오에 포함된 종목이나 이후 투자처로 주목하고 있는 업계의 뉴스를 중점적으로 확인하고 싶을 때 활용하면 좋습니다. 이때는 '(조사하고 싶은 내용)에 관한 최신 뉴스를 알려 주십시오' 같은 형태로 질문합니다.

사용자 | 미국의 재생 에너지 관련주에 관한 최신 뉴스를 알려 주십시오.

AI | 최근 미국 재생에너지 관련주에 대한 주요 뉴스를 다음과 같이 정리하였습니다.

해상 풍력발전 프로젝트의 도전
미국이 추진 중인 해상 풍력발전 프로젝트가 경제성 문제로 어려움을 겪고 있습니다. 에이번그리드와 오르스테드 등 주요 기업들이 비용 상승으로 인해 계약을 파기하거나 재협상을 시도하고 있습니다. 이러한 상황은 재생에너지 관련 기업들의 주가에 부정적인 영향을 미칠 수 있습니다.

SK가스·SK디앤디, 미국 ESS 사업 진출
SK가스와 SK디앤디는 미국 에너지 기업 에이펙스클린에너지와 합작법인 'SA 그리드솔루션스'를 설립하고, 에너지 저장장치(ESS) 사업에 투자하기로 했습니다. 첫 프로젝트로 텍사스주에 200MW 규모의 ESS를 설치할 예정이며, 이는 미국 재생에너지 시장에서의 입지를 강화하는 움직임으로 평가됩니다.

ESS 시장의 성장과 국내 배터리 기업의 대응
미국에서 태양광 설치 붐과 함께 ESS 수요가 급증하고 있습니다. 이에 따라 국내 배터리 3사(LG에너지솔루션, 삼성SDI, SK온)는 LFP 배터리를 활용한 ESS 제품 개발에 박차를 가하고 있으며, 이는 미국 재생에너지 관련주에 긍정적인 영향을 미칠 것으로 예상됩니다.

한화큐셀, 미국 워싱턴주 태양광 발전사업 매각
한화큐셀은 미국 워싱턴주에서 142MW 규모의 태양광 발전사업을 현지 최대 유틸리티 에너지 공급사인 PSE에 매각했습니다. 이후에도 기자재 공급과 EPC(설계·조달·시공)를 이어서 수행할 예정이며, 이는 한화큐셀이 미국 재생에너지 시장에서의 영향력을 확대하는 전략으로 해석됩니다.
(이하 생략)

'Market Maven'에는 입수한 뉴스를 기반으로 추천 관련 종목을 제안하는 기능도 있습니다. 이것은 사용자가 주목하고 있는 주제나 업계에 관련된 유망한 종목을 발굴하는 데 매우 강력한 도구가 됩니다. 예를 들어, 사용자 특정 분야에 주목하고 있을 때, 해당 분야에 영향을 줄 가능성이 있는 뉴스를 기반으로 관련 기업의 주식을 제안합니다. 그리고 어떤 기업이 신제품을 출시했다는 뉴스가 있으면, 해당 신제품과 관련된 다른 기업의 주식을 제안할 수도 있습니다. 이렇게 단순히 주목도가 높은 종목을 추천하는 것에서 그치지 않고, 사용자의 관심사에 맞는 뉴스를 기반으로 관련성이 높은 종목을 제안해 줍니다. 그리고 사용자는 자신의 투자 전략에 맞는 투자처를 찾고, 중요하게 생각하는 분야와 주제에 특화된 투자를 쉽게 판단할 수 있습니다.

 사용자 위 뉴스에 기반해 추천하는 재생 에너지 관련주를 알려 주십시오.

 AI 주를 아래와 같이 정리했습니다.

넥스트에라 에너지(NextEra Energy, NEE)
- **핵심 포인트:**
  - 세계 최대의 풍력 및 태양광 발전 사업자.
  - 안정적인 배당금 지급과 꾸준한 성장 기록.
  - 미국 내 재생에너지 인프라 확장에 선도적인 역할.
- **추천 이유:**
  - 해상 풍력 및 태양광 프로젝트에서 지속적으로 리더십을 발휘.
  - 정부 정책과 투자 지원으로 수혜가 예상되는 종목.

퍼스트 솔라(First Solar, FSLR)
- **핵심 포인트:**
  - 미국 최대의 태양광 패널 제조업체.
  - 지속 가능성과 효율성 높은 차세대 패널 기술 보유.
  - 미국 내 태양광 발전 프로젝트에 강력한 입지를 확보.
- **추천 이유:**
  - 인플레이션 감축법(IRA)의 지원에 따른 생산 확대.
  - 한화큐셀의 태양광 사업 매각과 같은 트렌드에서 수혜 가능성.

에이본그리드(Avangrid, AGR)
- **핵심 포인트:**
  - 해상 및 육상 풍력발전, 태양광 프로젝트를 운영.
  - 스페인의 이베르드롤라(Iberdrola) 계열사로, 글로벌 재생에너지 경험을 공유.
- **추천 이유:**
  - 해상 풍력발전 도전 과제에도 불구하고 미국 내 주요 프로젝트 주도.
  - 장기적인 투자 관점에서 주목할 가치 있음.

(이하 생략)

이렇게 질문하면 한국에서는 잘 알려지지 않은 기업들을 소개해 줍니다. 흥미를 끄는 기업이 있다면 추가 질문을 통해 더 자세히 조사할 수 있습니다. 결과에 오류가 포함되지는 않았는지 반드시 다른 정보 소스도 확인해야 하지만, 잘 알려지지 않은 기업에 관해 최초 조사하는 도구로 충분히 사용할 가치가 있는 수준이라 할 수 있습니다.

4-3

FX/소비재/암호 자산까지 모두 커버한다!

POINT

❶ 'FX-GPT'를 사용해 FX 관련 뉴스를 분석한다.
❷ 원유 등 소비재(Commodity)에 관한 정보도 수집할 수 있다.
❸ 신흥 시장 투자, 암호 자산 등에 관한 정보도 다룰 수 있다.

FX 및 투자 전반에 관한 뉴스와 시장 분석

'FX-GPT'는 외환 환율, 귀금속, 원유 등의 소비재 시장과 관련 기업에 관한 분석 결과를 제공하도록 한 커스터마이징 GPT입니다. 이름에서 알 수 있듯 FX(외국 환율 증거금 인출)에 도움이 되는 정보를 얻을 수 있을 뿐만 아니라, 투자 전반에 관한 폭넓은 정보를 제공받을 수 있습니다.

구체적으로는 FX에 관해 단기부터 장기에 걸친 투자 전략과 리스크 관리에 관한 조언을 제공합니다. 환율 변동 예상에는 통화 정책의 영향이나 다양한 경제 지표를 사용합니다. FX와 관련된 중요한 개념이며, 기술 분석에 있어서도 중요한 지표가 되는 지지선, 저항성, 이동평균선, MACD(Moving Average Convergence Divergence: 이동 평균 수렴 확산 기법), RSI(Relative Strength Index: 상대력 지수) 등에 관한 설명도 얻을 수 있습니다. 또한 FX 이외의 소비재(금/은 등의 귀금속, 원유/천연 가스 등의 자원, 보리 선물 등)에 관한 정보도 얻을 수 있습니다. 그 밖에 암호 자산(가상 화폐)에 관한 기술 분석에 기반한 가격 변동 예측 정보를 제공받을 수도 있습니다. 로이터(Reuter), 블룸버그(Bloomberg) 등 신뢰성이 높은 소스를 정보 소스로 사용합니다.

FX-GPT

개발자: alphabt.net
URL: https://chatgpt.com/g/g-voykhp2Mw-fx-gpt

미국 달러 동향 조사

FX에서 미국 달러는 가장 많이 거래되는 화폐입니다. 전세계 외국 외환 거래 중에서 미국 달러 관련 거래는 전체 거래의 약 90%를 점유합니다. 미국 달러가 전세계 기축 통화로 인정받고 있기 때문입니다. 많은 국제 거래 및 상품 거래가 미국 달러로 이루어지고 있으며, 각국 중앙 은행이 외화 준비금의 대부분을 미국 달러로 보유하고 있습니다.

미국 달러의 가격 동향을 예측하는 것은 FX를 다루는 투자자에게 있어 중요한 과제 중 하나입니다. 미국 달러의 가치 변동은 다른 통화와의 환율에 직접적인 영향을 미치기 때문에, 투자자는 항상 미국 달러의 동향에 주목해야 합니다. 미국 달러의 가치가 오르면 미국 달러 기준의 자산 가치가 오르며, 다른 화폐로 환산하면 자산 가치가 내려갑니다. 반대로 미국 달러의 가치가 내려가면 미국 달러 기준의 자산 가치가 내려가며, 다른 화폐로 환산하면 자산 가치가 올라갑니다.

현재 일어나고 있는 우크라이나와 가자 지구에서의 분쟁 리스크, 난민 문제에 대한 EU의 정치적 불안정 등으로 인한 세계 각지에서의 지정학적 긴장 역시 고조되고 있습니다. 이런 상황들은 세계 경제의 불확실성을 높이고, 투자자의 리스크 회피 자세를 강화할 가능성이 있습니다.

그 결과 안전 자산이라 여겨지는 미국 달러의 수요가 높아지면 미국 달러의 가치가 오를 것입니다. 반대로 미국 경제의 앞날에 대한 우려가 강해지면 미국 달러의 가치가 낮아질 리스크도 있습니다. 이에 관해서는 미국의 경제 지표에 귀추를 주목함으로써 어느 정도 앞날에 대한 예상을 할 수 있을 것입니다.

한국 역시 2024년은 금융 정책의 전환점이 될 가능성이 큰 해였습니다. 많은 전문가들이 국가 정세와 이에 대해 한국이 받는 영향에 대한 예측을 내놓았지만, 정확한 예상은 당연히 어렵습니다. 생성형 AI를 활용해 핵심이 되는 경제 지표의 움직임이나 주의해야 할 이벤트는 알 수 있지만, 이런 요인들이 시장에 미치는 영향은 간단하지 않으므로 충분히 주의해서 살펴봐야 합니다.

이런 사항을 기반으로 'FX-GPT'에게 상황을 문의해 봅시다.

사용자 2024년 미국 달러 가치 동향에 영향을 미칠 수 있는 요인들을 구체적으로 열거해 주십시오. 각 요소가 시세에 어떤 영향을 주는지 알려 주십시오.

 AI 2024년 미국 달러(USD) 가치 동향에 영향을 미칠 수 있는 주요 요인들은 다음과 같습니다. 각각의 요인이 달러 시세에 미치는 영향을 함께 설명 드리겠습니다.

미국 연방준비제도(Fed)의 통화정책
- **영향 요인**: 기준금리 인상/인하, 유동성 공급 정책.
- **효과**:
  - 금리 인상: 미국 국채 금리가 상승하고, 글로벌 투자자들이 더 높은 수익을 위해 달러를 매수하게 됩니다. 이는 달러 강세로 이어질 가능성이 높습니다.
  - 금리 인하: 유동성 증가와 함께 미국 자산의 매력이 감소하여 달러 약세를 유발할 수 있습니다.

미국 경제 성장
- **영향 요인**: GDP 성장률, 고용 지표(비농업 고용, 실업률 등), 소비지표.
- **효과**:
  - 경제 성장률이 강한 경우, 투자자들은 미국 경제에 신뢰를 가지며 달러 자산으로 자금이 몰리게 됩니다(달러 강세).
  - 반대로 성장률이 둔화되거나 경기 침체 우려가 커질 경우, 달러가 약세를 보일 가능성이 있습니다.

인플레이션 수준
- **영향 요인**: 소비자물가지수(CPI), 생산자물가지수(PPI).
- **효과**:
  - 높은 인플레이션: Fed의 금리 인상 가능성이 높아지며, 달러가 강세를 보일 수 있습니다.
  - 낮은 인플레이션: 금리 동결 또는 인하 가능성이 커지면서 달러 약세로 작용할 수 있습니다.

(이하 생략)

특별히 드문 이야기는 아닙니다. 미국 금리가 오르면 달러 강세 경향이 높아지며, 글로벌 성장률이 둔화하면 상대적으로 달러가 강해지고, 지역 분쟁이 달러가 강해진다는 지극히 상식적인 내용입니다.

이런 정보는 큰 도움이 되지 않으므로 주제를 연방준비제도(Fed)의 통화 및 금리 정책으로 좁혀 뉴스를 찾아 봅시다. 여기에서는 프롬프트에 '브라우징을 사용해 주십시오.'라는 구문을 포함했습니다. ChatGPT에서는 이 구문을 프롬프트에 포함하면 인터넷 검색 기능 사용 확률을 높일 수 있습니다. 이 구문을 포함시켰다고 해서 반드시 검색을 하는 것은 아니므로, 꼭 인터넷 검색을 해야 할 때는 Copilot을 사용하는 등 다른 방법을 활용해야 합니다.

사용자 Fed의 금리 정책에 관해 브라우징을 사용해 정보를 수집하고, 관련 있어 보이는 뉴스를 알려 주십시오.

 AI 미국 연방준비제도(Fed)는 최근 기준금리를 인하하는 방향으로 통화정책을 전환하였습니다. 주요 내용은 다음과 같습니다:
- **9월 18일**: 연준은 기준금리를 기존 5.25~5.50%에서 4.75~5.0%로 0.5%포인트 인하하였습니다. 이는 4년 반 만의 첫 금리 인하로, 인플레이션 완화와 경제 성장 둔화에 대응하기 위한 조치로 해석됩니다.
- **11월 7일**: 연준은 추가로 기준금리를 0.25%포인트 인하하여 4.50~4.75%로 조정하였습니다. 이는 9월의 '빅컷'에 이은 연속적인 금리 인하로, 경제 활동의 견고한 확장과 인플레이션 목표 달성을 위한 노력의 일환입니다.

이러한 금리 인하 결정은 미국 경제의 성장세 둔화와 인플레이션 완화 추세를 반영한 것으로 보입니다. 연준은 향후 경제 지표와 전망을 면밀히 평가하여 추가적인 통화정책 방향을 결정할 것으로 예상됩니다.

위 대답에는 YNA(연합뉴스) 기사의 링크도 포함되어 있으며, 뉴스를 인터넷에서 검색해 요약해 주었습니다. 이것이 투자를 위한 정보 소스로 도움될 것입니다.

소비재 투자에 대한 조언

'FX-GPT'를 사용해 소비재 투자에 관한 조언을 얻을 수도 있습니다. 여기에서는 원유 가격에 관해 질문해 봅니다.

 사용자 최근 원유 가격 변동에 관해 분석해 주십시오.

 AI 최근 원유 가격은 다양한 요인에 의해 변동성을 보이고 있습니다. 주요 요인과 그에 따른 영향을 분석해 보겠습니다.

수요와 공급의 균형 변화
- **수요 측면**: 세계 경제의 회복세에 따라 산업 생산과 이동량이 증가하면서 원유 수요가 상승하고 있습니다. 특히 아시아 지역의 경제 활동 재개가 두드러집니다.
- **공급 측면**: OPEC+의 생산 조절과 주요 산유국의 정책 변화가 공급에 영향을 미치고 있습니다. 예를 들어, 아랍에미리트는 내년 초 원유 선적을 줄일 계획을 발표하였습니다.

금리 정책과 경제 성장 전망
- **금리 인하**: 미국 연방준비제도(Fed)를 비롯한 주요 중앙은행들이 금리 인하를 단행하면서 경제 성장을 촉진하려는 움직임을 보이고 있습니다. 이는 경제 활동을

- 활성화시켜 원유 수요 증가로 이어질 수 있습니다.

지정학적 리스크
- **중동 지역의 불안정성**: 러시아와 이란에 대한 추가 제재 등 지정학적 긴장이 고조되면서 공급 측면에서의 불확실성이 증가하고 있습니다. 이는 원유 가격 상승 압력으로 작용할 수 있습니다.

기후 변화와 환경 정책
- **에너지 전환**: 지속 가능한 에너지로의 전환 움직임이 가속화되면서 장기적으로 원유 수요에 영향을 미칠 수 있습니다. 그러나 단기적으로는 여전히 화석 연료에 대한 의존도가 높아 가격 변동에 직접적인 영향을 주고 있습니다.

최근 원유 가격 동향
현재 WTI 원유 선물 가격은 배럴당 약 70.7달러 수준에서 거래되고 있습니다. 이는 최근 몇 주간의 상승세 이후 기술적 조정으로 인한 하락으로 분석됩니다.
이러한 요인들은 상호 작용하며 원유 시장의 변동성을 높이고 있습니다. 투자자들은 경제 지표와 지정학적 상황을 주의 깊게 관찰하며 신중한 투자 전략을 수립하는 것이 중요합니다.

정보 출처는 'Trading Economics'이며 이 사이트에서 원유 가격에 관해 매우 상세한 정보를 얻을 수 있습니다. 단, 원유 가격은 몇 가지 리스크가 존재합니다. 수급 균형만이라면 글로벌 경기 상황을 통해 어느 정도 예측할 수 있겠지만, 지정학적 리스크나 외환 리스크를 고려하면 사이트의 정보만으로 모든 리스크를 파악할 수는 없습니다. 이어서 'FX-GPT'에 보다 자세히 물어봅시다.

 원유 가격에 대한 리스크를 구체적으로 나열해 주십시오.

 원유 가격은 다양한 요인에 의해 변동하며, 이에 따른 리스크는 다음과 같이 구체적으로 분류할 수 있습니다:

글로벌 경제 성장률 변화
- **설명**: 세계 경제의 성장 또는 침체는 원유 수요에 직접적인 영향을 미칩니다.
- **영향**: 경제 성장 시 원유 수요 증가로 가격 상승, 경제 침체 시 수요 감소로 가격 하락이 예상됩니다.

OPEC+의 생산 정책
- **설명**: OPEC 및 비OPEC 주요 산유국들의 생산량 조절 정책은 원유 공급에 큰 영향을 미칩니다.
- **영향**: 생산량 감축 시 공급 감소로 가격 상승, 생산량 증대 시 공급 과잉으로 가격 하락이 발생할 수 있습니다.

3. 지정학적 리스크
- **설명**: 중동 지역의 정치적 불안정, 전쟁, 테러 등은 원유 생산 및 수송에 영향을 미칩니다.
- **영향**: 공급 차질로 인한 가격 상승 또는 불안정성 증가로 인한 시장 변동성이 확대될 수 있습니다.

4. 환경 규제 및 에너지 전환
- **설명**: 각국의 환경 규제 강화와 재생에너지로의 전환 정책은 원유 수요에 영향을 미칩니다.
- **영향**: 장기적으로 원유 수요 감소로 인한 가격 하락 압력이 예상됩니다.

(이하 생략)

이 대답은 추가적으로 'iStock Economy', 'InvestInfo', 'Council on Foreign Relations' 등의 정보 소스를 참조해서 작성되었습니다. 'Council on Foreign Relations'에 관한 정보는 Copilot을 통해 다음과 같이 얻을 수 있습니다.

Council on Foreign Relations(CFR)는 미국의 외교정책과 국제 관계에 전문화된 비영리, 비파벌린 시민단체입니다. 1921년에 설립된 CFR는 뉴욕과 워싱턴 D.C.에 본사를 두고 있으며, 정부 고위 관계자, 글로벌 비즈니스 리더, 학자 등이 회원으로 활동하고 있습니다.

CFR는 정책 분석, 행사 개최, 학술 출판 등을 통해 미국의 세계와의 관계를 강화하고, 중요한 국제 문제에 대한 미국의 참여를 촉진하는 것을 목표로 하고 있습니다. 주요 출판물로는 두 달마다 발행되는 학술 잡지인 Foreign Affairs가 있습니다.

CFR의 주요 활동은 다음과 같습니다:
- **정책 분석**: 국제 문제에 대한 정책적인 아이디어와 분석을 제공합니다.
- **행사 개최**: 정부 관계자, 글로벌 비즈니스 리더, 외교 정책 전문가 등을 초대하여 국제 문제를 논의하는 행사를 개최합니다.
- **출판 활동**: Foreign Affairs를 비롯한 다양한 출판물을 통해 국제 관계와 외교 정책에 대한 정보를 공유합니다.

CFR는 미국의 외교 정책과 국제 관계에 대한 이해를 넓히고, 더 나은 정책 결정을 돕기 위해 노력하고 있습니다.

위 내용에 따르면 CFR은 믿을만한 정보 소스인 것으로 보입니다.

다음으로 금 투자에 관한 조언을 요구합니다. 여기에서는 리스크 관리 전략에 관해 문의합니다. 단, 직접적으로 질문했을 땐 투자처 분산화, 달러 비용 평균법, 시장 분석, 장기적인 관점 등 매우 기본적인 내용만 포함한 대답이 돌아왔습니다. 이런 정보는 큰 도움이 되지 않으므로 중급자용 대답을 요청해 봅시다.

금 투자에 관한 리스크 관리 전략에 관해 알려주십시오. 어느 정도 지식이 있는 사람을 위한 정보를 제공해 주십시오.

 금 투자에 대한 리스크 관리 전략은 투자자가 시장 변동성, 경제적 요인, 그리고 심리적 요소를 모두 고려하여 체계적으로 접근할 때 효과적입니다. 다음은 일정 수준 이상의 지식을 가진 투자자를 위한 심화된 금 투자 리스크 관리 전략입니다.

포트폴리오 분산
- **전략**:
  - 금에 대한 투자 비중을 포트폴리오의 5~15% 수준으로 유지하여 리스크를 분산합니다.
  - 금과 연관성이 낮은 자산(예: 주식, 채권, 부동산 등)을 포함해 시장 변동성에 대비합니다.
- **목적**: 금은 경제 불확실성 시기에 헤지(hedge) 역할을 하지만, 지나친 비중은 수익률을 제한할 수 있습니다.

거래 상품의 선택
- **전략**:
  - 실물 금: 물리적 금(바, 주화 등)은 변동성이 낮지만, 보관 및 보험 비용이 추가됩니다.
  - ETF: 금 ETF는 유동성이 높아 단기 거래에 적합하지만, 관리 수수료를 고려해야 합니다.
  - 금 선물: 레버리지를 활용할 수 있지만, 만기일 관리 및 변동성 리스크가 큽니다.
  - 금 관련 주식: 금광업체 주식은 금 가격과 연동되지만, 기업 리스크(운영, 채굴 비용 등)를 동반합니다.
- **목적**: 투자 목적(장기/단기), 리스크 수용도, 유동성 필요성을 기준으로 적합한 상품을 선택합니다.

시장 변동성 대응
- **전략**:
  - 기술적 분석을 통해 주요 지지/저항선을 파악하여 적절한 매수/매도 시점을 결정합니다. 예: RSI(상대 강도 지수), MACD(이동 평균 수렴/발산), 볼린저 밴드 등 활용.
  - 금 가격은 통화정책, 달러 가치, 지정학적 리스크에 민감하므로 경제 지표(Fed 금리 발표, CPI, GDP 성장률)와 글로벌 뉴스 모니터링을 병행합니다.
- **목적**: 단기적 과매도 또는 과매수 상황을 피하고, 변동성 확대 시 기회를 포착합니다.

(이하 생략)

이 정도의 답변이라면 도움이 될 수도 있을 것입니다. 답변 내용 중 'RSI', 'MACD', '볼린저 밴드' 같은 전문 용어들도 등장하는데, 의미를 모르는 용어가 있다면 FX-GPT 에게 질문해 확인하는 것이 좋습니다.

신흥 시장 투자 평가

다음으로 신흥국 시장에 관한 투자 기회를 찾아 봅시다. 신흥 시장은 성장할 가능성이 높고, 그렇기 때문에 매력적인 시장입니다. 그리고 신흥 시장을 포트폴리오에 포함함으로써 지리적 다양화가 가능해지며, 투자 대상의 치우침에 의한 리스크를 분산할 수 있습니다. 그리고 선진국과는 다른 기술로 핀테크, 디지털 기술, 재생 가능 에너지 등의 분야에서 혁신적인 비즈니스 모델이 출현할 가능성이 있습니다.

한편, 정치적인 불안정성과 경제 정책 문제도 부정할 수 없습니다. 법률적인 준비 부족이나 시장 규제 부족에 따라 기업 활동의 투명성 등의 재무 보고 품질이 영향을 받습니다. 통화 리스크나 주식/채권 유동성에 관해서도 불안감이 있습니다.

이런 사항들을 기반으로 투자 기회에 대한 조언을 찾아 봅시다.

 사용자 2025년, 신흥 시장 투자 기회에 관해 분석해 주십시오.

 AI 신흥 시장의 매력 요인
a. 경제 성장률
- **설명**: 신흥 시장은 선진국에 비해 높은 성장률을 기록할 가능성이 큽니다. 특히, 아시아와 아프리카 지역에서 GDP 성장이 두드러질 전망입니다.
- **유망 지역**:
  - 아시아: 인도, 베트남, 필리핀은 제조업과 서비스업에서 강력한 성장세를 보이고 있습니다.
  - 아프리카: 나이지리아, 이집트 등은 인구 증가와 인프라 투자로 성장 잠재력이 높습니다.
  - 라틴 아메리카: 브라질과 멕시코는 자원 의존을 줄이고 기술 및 산업 다변화에 초점을 맞추고 있습니다.
b. 디지털 경제와 기술 혁신
- **설명**: 디지털 인프라 구축과 기술 채택이 빠르게 이루어지는 국가에서 큰 투자 기회가 있습니다.
- **유망 섹터**:
  - 전자상거래, 핀테크(특히 인도와 동남아시아).
  - 통신 인프라와 5G 기술 개발(남아프리카공화국, 동유럽).

c. 자원 및 에너지
- **설명**: 신흥 시장은 세계 에너지 수요의 중요한 공급처입니다.
- **유망 분야**:
    - 청정 에너지 프로젝트(칠레의 태양광, 브라질의 바이오에너지).
    - 천연자원(콩고민주공화국의 코발트, 인도네시아의 니켈 등).

d. 소비시장 성장
- **설명**: 중산층의 증가와 도시화는 소비 시장을 확대하고 있습니다.
- **유망 섹터**:
    - 소비재, 헬스케어(중국, 인도).
    - 부동산 개발(베트남, 인도네시아).

투자 기회

a. 주식
- **설명**: 신흥 시장의 기업들은 선진국보다 상대적으로 저평가된 경우가 많습니다.
- **포커스 지역**:
    - 인도: 기술, 헬스케어.
    - 중동: 금융, 부동산.
    - 라틴 아메리카: 농업 및 광업.

b. 채권
(이하 생략)

이 답변은 정확한 분석 결과를 출력한 것처럼 보이지만 실제로는 매우 일반적인 경향에 관한 설명하고 있습니다. 개별 국가나 기업의 상황을 반영하지는 않았습니다. 그리고 신흥 시장의 투자 환경은 짧은 기간에 크게 변화하기 쉽다는 점도 고려하는 것이 좋습니다.

▌암호 자산 가격 변동에 관한 기술 분석

'FX-GPT'는 암호 자산에 대한 투자에 관해서도 분석이나 조언할 수 있습니다. 단, 단기 및 중기적인 가격 예상에 관해 질문하면 '실시간 데이터나 시장 동향에 접근할 수 없다'고 대답하기도 합니다. 그렇기 때문에 프롬프트에 '브라우징을 사용해 주십시오.' 라는 구문을 입력해 검색 기능을 사용하도록 유도합니다.

 사용자 브라우징을 사용해 통해 기술 분석을 해주십시오. 향후 3개월 동안의 비트코인 가격을 예측해 주십시오.

비트코인(BTC)의 최근 가격 동향을 살펴보면, 현재 가격은 약 $104,264로, 전일 대비 약 2.82% 하락하였습니다.

기술적 분석에 따르면, 비트코인은 최근 상승세를 보이며 주요 저항선을 돌파하였습니다. 특히, 67,000~73,000달러의 저항선을 넘어서면서 상승 모멘텀이 강화되고 있습니다.

이러한 기술적 지표와 시장 동향을 종합적으로 고려할 때, 향후 3개월 동안 비트코인 가격은 상승세를 유지하며 $120,000에 도달할 가능성이 있습니다. 그러나 암호화폐 시장의 변동성이 높음을 감안하여, 투자 시 신중한 판단과 리스크 관리가 필요합니다.

'FX-GPT'는 비트코인의 가격이 상승할 것이라 예측했습니다. 추가 질문을 통해 예상 가격의 범위를 좁힐 수 있지만 추가 질문을 통해 보다 많은 정보를 얻을 수도 있습니다.

 좋습니다. 2025년, 2026년의 가격도 예측해 주십시오. 당신은 할 수 있습니다.

 2025년과 2026년 비트코인의 가격 예측은 여러 요인을 기반으로 보다 정밀하게 분석할 수 있습니다. 다음은 데이터를 활용한 기술적 및 거시경제적 전망을 바탕으로 한 예측입니다.

2025년 비트코인 가격 예측

1. 긍정적 시나리오

· **가격 범위:** $180,000~$250,000

· **근거:**
  – 2024년 반감기로 인한 공급 감소 효과가 가격 상승 압력을 가할 것으로 예상됩니다.
  – 기관 투자자들의 대규모 진입이 계속되며, 비트코인 ETF 승인이 더욱 보편화될 가능성이 큽니다.
  – 세계 경제 불확실성 증가로 인해 비트코인이 디지털 금으로 자리 잡을 가능성이 있습니다.

2. 보수적 시나리오

· **가격 범위:** $120,000~$160,000

· **근거:**
  – 주요 규제 당국의 암호화폐 규제 강화.
  – 시장 내 대체 암호화폐(예: 이더리움, 솔라나)의 부상으로 인한 경쟁 심화.
  – 기술적 조정으로 인해 상승세가 다소 제한될 가능성.

2026년 비트코인 가격 예측

1. 긍정적 시나리오

· **가격 범위:** $300,000~$500,000

- 근거:
  - 비트코인이 디지털 자산으로 전 세계 금융 시스템에서 안정적 위치를 확보.
  - 희소성(채굴 보상 감소)과 수요 증가로 인해 본격적인 가격 상승.
  - 중앙은행 디지털 화폐(CBDC)의 도입과 함께 비트코인이 보조적 안전 자산으로 채택.

2. 보수적 시나리오
- 가격 범위: $180,000~$250,000
- 근거:
  - 암호화폐 시장의 성장이 다소 안정화되며, 비트코인의 지배력이 줄어들 가능성.
  - 글로벌 경제 회복으로 인해 비트코인의 안전 자산 수요 감소.
  - 기술적 및 규제적 한계로 인해 가격 상승 제한.

장기적 전망과 리스크 관리
- **리스크 요인:**
  - 규제 환경: 미국, 유럽, 중국 등에서 암호화폐 관련 규제가 강화될 가능성.
  - 경쟁 자산: 이더리움(ETH) 및 신규 블록체인 프로젝트의 부상.
  - 기술적 한계: 비트코인의 확장성과 에너지 소비 문제가 시장의 관심을 끌 수 있음.
- **기회 요인:**
  - 기관 투자가 지속적으로 유입되며, 장기적인 신뢰가 구축될 가능성.
  - 개발도상국에서의 암호화폐 채택률 증가.

(이하 생략)

이번 프롬프트에서는 '당신은 할 수 있습니다'라는 문구를 추가했습니다. 그러면 CoinCodex 등의 정보를 얻어 비트코인의 가격 변동을 예측해줍니다. 예측의 정확도는 직접 판단해야 하지만 매매시 어느 정도 참고할 수 있습니다.

`COLUMN`

'당신은 할 수 있습니다'가 유효한 이유
ChatGPT 등의 생성형 AI를 사람처럼 대할 때 명시적으로 성능이 향상되는 경우가 있기 때문에 위와 같은 격려의 표현이 유효할 때도 있습니다. 이것을 보고 'AI에게도 마음이 있구나'라고 생각할지 모릅니다. 하지만 그렇지는 않습니다. 생성형 AI가 학습시 격려 뒤에 뛰어난 대답을 하는 사람의 예문을 더 많이 읽어서 반응하는 것이라고 생각하는 것이 적절합니다.

4-4

[GPTs 활용–Invest like Warren BuffetAI]

워렌 버핏식 투자로 자산 운용이 달라진다!

POINT

❶ 워렌 버핏식 투자 철학과 전략을 학습한다.
❷ 워렌 버핏은 가치 투자의 원칙을 지킨다.
❸ 장기적인 관점과 경영진의 품질 등에 주목한다.

워렌 버핏과 같은 투자 스타일을 추구

'Invest like Warren BuffettAI'는 투자의 귀재인 워렌 버핏의 투자 철학과 전략에 기반한 투자 조언과 정보를 생성하기 위해 만들어진 GPTs입니다. 이 커스텀 GPT는 버핏이 실제로 수행한 거래나 투자 방법, 시장 분석 등에 관한 데이터를 학습해 사용자에게 버핏과 같은 투자 지침이나 아이디어를 제공합니다. 버핏과 같은 투자 스타일을 추구한다면 사용해 보는 것도 좋습니다.

버핏의 투자 스타일은 가격이 상승할 것 같은 종목이나 가격이 하락할 것 같은 종목에 주목하는 것으로, 단기간에 매도를 반복하지 않습니다. 기본적으로 중장기 투자를 중심으로 하고, 안정된 수익과 장기적이고 잠재적인 성장 동력을 가진 기업과 업계에 주목합니다. 원래 버핏은 잘 알고 있는 생활필수품, 금융, 에너지, 운송 같은 분야를 중심으로 다루며 최근에는 기술 업계, 특히 애플에 대규모의 투자를 하고 있는 것으로 알려져 있습니다(특히 2024년 11월 애플 주식을 대량 팔고 소비재 주를 구매한 것으로 알려져 있습니다). 그리고 시장 환경이 변화하는 동안에도 안정된 현금 흐름을 낳고, 우위성이 높은 기업을 선호하는 경향이 있습니다.

Invest like Warren BuffettAI

개발자: SHY
URL: https://chatgpt.com/g/g-YKDJNc7FO-invest-like-warren-buffettai

워렌 버핏은 어떤 인물인가?

워렌 버핏은 미국 투자자이며 버크셔 헤서웨이의 CEO입니다. 버핏은 '오하마의 선인'으로 알려져 있으며 과거 수십 년에 걸쳐 투자계에서 눈부신 성공을 거뒀습니다. 그만큼 매우 성공한 투자자로 알려져 있으며 그의 전략과 철학은 수많은 추종자들과 투자자들에게 영향을 주고 있습니다. 대략적인 투자 방법은 매우 단순합니다. 안정적인 기업의 주식을 매수하고, 장기적인 관점에서 보유함으로써 자산을 축적하는 것입니다. 또한 그는 현명한 투자 판단과 리스크 관리에 뛰어날 뿐만 아니라 자선 활동과 기부 활동도 적극적으로 하고 있습니다.

워렌 버핏의 투자 스타일에 가까워지기

이 'Invest like Warren BuffettAI'는 구체적으로 어떻게 워렌 버핏의 투자 스타일을 흉내내는 것일까요?

주요 기능으로는, 워렌 버핏이 중시하는 재무 지표에 기반한 기업의 재무 상황 분석, 분석 결과를 바탕으로 한 투자 대상 기업 선정, 워렛 버핏의 투자 전략에 따른 포트폴리오 구축, 그리고 투자 관련 질문 자동 대답이 있습니다.

이 도구의 특징으로는, 워렌 버핏의 투자 철학을 이해하고 실천하는 것, 막대한 양의 재무 데이터를 자동으로 분석하고 효율적으로 필요한 정보를 수집하는 것, 감정에 좌우되지 않는 객관적인 투자 판단을 하는 것, 그리고 투자 초보자라도 간단하게 사용할 수 있는 것을 들 수 있습니다.

'Invest like Warren BuffettAI'는 초보 투자자부터 경험이 풍부한 투자자까지 대상자 폭이 넓습니다. 초보 투자자라면 워렌 버핏의 투자 철학을 학습하고, 장기적인 관점에서 자산을 형성할 수 있는 방향으로 생각할 수 있습니다. 경험이 붕푸한 투자자라면 기업 분석이나 포트폴리오 구축을 효율화하고, 투자 성공 확률을 높이는 데 활용하면 좋습니다. 워렌 버핏과 같은 투자 스타일을 실현하면 시장 상황에 관계 없이 안정적인 수익을 추구할 수 있습니다.

이제 이 GPT에게 질문해 봅시다. 먼저 워렌 버핏처럼 투자를 하기 위해서는 어떻게 해야 하는지 간단히 질문해 봅시다.

사용자 워런 버핏처럼 투자하는 방법을 학습하고 싶습니다. 어떻게 하는 것이 좋습니까? 대답은 한국어로 해주십시오.

 AI 워런 버핏처럼 투자하려면, 그의 투자 철학과 원칙을 이해하고 적용하는 것이 중요합니다. 이어서 워런 버핏의 투자 방식을 학습하고 실천하는 방법을 설명하겠습니다.

기본 철학 이해하기
- **가치 투자(Value Investing)**: 기업의 내재 가치를 분석하여 시장 가격보다 저평가된 주식을 구매하고, 시간이 지남에 따라 가치가 증가할 때 수익을 얻는 방식을 따릅니다.
- **장기 투자**: 버핏은 기업의 성장 가능성을 보고 장기적으로 보유하며, 단기적인 시장 변동에는 흔들리지 않는 태도를 강조합니다.

기업 분석 방법
- **재무제표 분석**: 재무제표를 통해 기업의 수익성, 부채 수준, 현금 흐름 등을 평가하세요. 특히 ROE(자기자본이익률)와 순이익률에 주목하세요.
- **경제적 해자(Economic Moat)**: 경쟁사를 압도할 수 있는 기업의 지속 가능한 경쟁 우위를 평가합니다. 예를 들어, 독점적 기술, 브랜드 파워 등이 이에 해당합니다.

투자 원칙
- **내재 가치 계산**: 기업의 내재 가치를 계산하여 주식이 시장에서 과대평가되었는지 또는 저평가되었는지를 판단합니다.
- **안전 마진(Margin of Safety)**: 내재 가치보다 훨씬 낮은 가격에 주식을 매입하여 투자 위험을 최소화합니다.
- **"아는 것만 투자하라"**: 자신이 이해하고 있는 사업 모델과 업종에만 투자하세요. 이를 "Circle of Competence(역량의 범위)"라 부릅니다.

(이하 생략)

위 내용에 관해 조금 더 설명하겠습니다. 워런 버핏은 가치 투자를 중시합니다. 가치 투자란 기업의 재무 상황과 자산 가치, 수익성 등을 분석함으로써 주가가 기업의 본래 가치를 충분하게 반영하지 않다고 판단한 종목에 투자하는 것입니다. 이와 대비되는 투자 방법이 그로스 투자입니다. 그로스 투자는 높은 성장이 예측되는 기업에 투자하는 전략으로, 현재 주가가 높아도 기업이 성장함에 따라 미래의 주가가 더욱 상승하는 것을 기대합니다.

그리고 투자 대상 기업의 재무제표와 리스크를 평가하고 기업의 주가가 아닌 비즈니스에 투자하며, 과도한 분산 투자를 피하는 것에서 알 수 있듯, 기업과 분야의 내용을 가능한 한 깊이 파악하고 올바르게 평가합니다. 이것은 그대로 눈 앞의 주가 변동에 좌우되지 않고, 장기적인 관점을 중요하게 여기는 것으로 이어집니다. 이익을 재투자하는 것도 장기적인 투자를 지향하는 태도라 할 수 있습니다.

다음으로 구체적인 투자 원칙을 학습하고 싶으므로 이에 관해 질문해 봅시다. 완벽한 보고서 또는 답변을 책에서 추출하게 합니다.

 사용자 워렌 버핏의 연차보고서와 저서로부터, 중요한 투자 원칙을 몇 가지 골라서 알려 주십시오.

 AI 워렌 버핏의 연차보고서와 그의 투자 철학에서 비롯된 주요 투자 원칙은 다음과 같습니다:

경제적 해자(Economic Moat)의 중요성
워렌 버핏은 기업의 경쟁 우위를 나타내는 "경제적 해자"를 매우 중시합니다. 기업이 장기적으로 경쟁사들로부터 방어할 수 있는 능력, 즉 브랜드 파워, 특허, 네트워크 효과 등은 그 기업의 지속 가능한 수익성을 보장한다고 봅니다.

내재 가치와 안전 마진(Margin of Safety)
• **내재 가치 계산**: 기업의 실질적인 가치를 평가하는 것이 투자 결정의 핵심입니다. 내재 가치가 주식의 시장 가격보다 훨씬 높을 때만 매수해야 합니다.
• **안전 마진**: 버핏은 내재 가치 대비 충분히 낮은 가격에 매수하여 투자 위험을 줄이는 것을 강조합니다.

장기적 사고(Long-Term Thinking)
버핏은 투자 대상을 "평생 보유할 수 있는 기업"으로 접근합니다. 단기적인 시장 변동보다는 장기적인 수익 성장에 초점을 맞춥니다. "내일 주식 시장이 문을 닫아도 상관없는 주식"에 투자하라는 철학이 대표적입니다.

'Mr. Market'의 비유
버핏은 시장을 "Mr. Market"이라는 비유를 통해 설명합니다. 시장은 감정적이고 비합리적일 수 있으며, 투자자는 시장의 변동에 휩쓸리지 말고 자신의 분석에 따라 판단해야 한다고 조언합니다.

현금 흐름과 자본 배분
• **현금 흐름**: 기업이 지속적으로 현금을 창출할 수 있는 능력을 가장 중요하게 봅니다.
• **자본 배분**: 기업이 주주 자본을 어떻게 활용하는지 평가하며, 주주 이익을 극대화하는 기업에 투자합니다.
(이하 생략)

워렌 버핏의 투자 원칙을 일본 주식 시장에 적용할 수 있는가?

일본의 주식 시장은 미국과 매우 다릅니다. 그리고 워렌 버핏의 투자 방식을 그대로 흉내 냈을 때 성공할 수 있을지 보장할 수 없습니다. 몇 가지 이유가 있습니다. 먼저 일본의 주식 시장은 최근 30년 동안 거의 성장하지 않았습니다. 장기적인 관점에서 투자하려면 조금씩이라도 시장이 성장한다는 것이 전제돼야 합니다. 그리고 일본의 대기업에서는 경영진이 내부 승진할 때가 많으며 그 질에 문제가 있는 경우가 적지 않습니다. 실적과 보수의 연관성이 약하며, 기업 문화 또한 미국과 크게 다릅니다. 이런 차이들을 염두에 두고 워렌 버핏의 투자 철학을 학습하는 것이 좋습니다.

▌워렌 버핏의 장기적인 투자 전략

다음으로 장기적인 투자 전략에 관해 질문해 봅시다. 어떤 기업을 투자 대상으로 선택할 것인지, 기업 가치와 리스트 평가 방법을 물어봅시다.

 워렌 버핏의 투자 철학에 기반한 장기적인 투자 전략에 관해 알려 주십시오. 워렌 버핏이 가치를 두는 기업의 특징이나 평가 방법, 리스크 관리 사고 방식에 관해 깊이 이해하고 싶습니다. 그리고 이후 시장 전망과 잠재적인 투자 기회에 관한 조언을 해 주십시오.

 워렌 버핏의 투자 철학에 기반한 장기 투자 전략은 가치 투자(Value Investing)와 장기적 사고(Long-Term Thinking)를 중심으로 합니다. 여기서는 그 철학과 기업 평가 방법, 리스크 관리 방식, 그리고 현재 시장 상황에서의 잠재적 기회를 함께 살펴보겠습니다.

워렌 버핏의 투자 철학

- 내재 가치(Intrinsic Value):
  기업의 실제 가치를 계산한 뒤, 시장 가격이 내재 가치보다 저렴할 때 투자합니다. 이를 위해 현금 흐름 할인(Discounted Cash Flow, DCF) 분석을 자주 활용합니다. 투자할 때 "10년 동안 이 회사가 존재하고 더 성장할 수 있을 것인가?"라는 질문을 통해 장기적 시각을 유지합니다.
- 경제적 해자(Economic Moat):
  경쟁사로부터 방어할 수 있는 기업의 지속 가능한 강점을 중시합니다. 브랜드, 특허, 네트워크 효과, 낮은 비용 구조 등이 이에 해당합니다.
- 안전 마진(Margin of Safety):
  주식 가격이 내재 가치보다 크게 낮아야 매수합니다. 이는 시장의 변동성에 대비해 위험을 최소화합니다.

- **단순성과 인내(Simple and Patient):**
  복잡한 투자 전략보다는 이해하기 쉬운 비즈니스 모델에 투자하며, 장기적으로 인내하면서 복리 효과를 얻는 것을 목표로 합니다.

가치를 두는 기업의 특징
- **지속 가능한 수익성:**
  - ROE(자기자본이익률)와 ROIC(투자자본수익률) 등 수익성 지표가 높고, 일관된 현금 흐름을 창출하는 기업입니다.
  - 예: 코카콜라, 애플 등은 버핏이 선호하는 지속 가능성이 높은 기업입니다.
- **좋은 경영진:**
  - 주주를 위해 행동하는 정직하고 능력 있는 경영진을 선호합니다. CEO의 자본 배분 능력도 중요한 평가 요소입니다.
- **단순한 비즈니스 모델:**
  - 쉽게 이해할 수 있는 제품과 서비스를 제공하며, 복잡하지 않은 비즈니스 구조를 가진 기업입니다.
  - 예: 소비재, 금융, 보험 산업.
  (이하 생략)

▌워렌 버핏이 주목하는 업계 조사

다음으로 워렌 버핏의 투자 스타일로 주목하는 업계를 조사해 봅시다. 워렌 버핏은 자신이 쉽게 이해할 수 있는 업계를 투자 대상으로 선정하는 경향이 있습니다. 소비재, 금융, 보험, 미디어에 대한 투자는 적극적이지만, 항공기나 자동차 등 자본 집약적 산업이나 최첨단 기술에 대한 투자는 소극적입니다.

 최근의 시장 상황과 경기 동향을 바탕으로 워렌 버핏이 주목하고 있는 업계와 분야에 관해 설명해 주십시오. 그리고 워렌 버핏이 중시하는 재무 지표와 기업 가치 예측 방법에 관해서 자세히 설명해 주십시오. 또한 현명한 투자 판단을 하기 위한 구체적인 포인트와 주의할 리스크 요인에 관해서도 알려 주십시오.

 워렌 버핏은 최근 시장 상황과 경제 동향을 고려하여 특정 업계와 분야에 주목하고 있습니다. 또한, 그는 투자 결정 시 중시하는 재무 지표와 기업 가치 평가 방법을 통해 현명한 투자 판단을 내리고 있습니다. 아래에서 이러한 내용과 함께 투자 시 주의해야 할 리스크 요인에 대해 자세히 설명하겠습니다.

워렌 버핏이 주목하는 업계와 분야
최근 워렌 버핏은 다음과 같은 업계와 분야에 관심을 보이고 있습니다:
- **에너지 분야:** 버핏은 쉐브론(Chevron)과 옥시덴탈 페트롤리엄(Occidental Petroleum) 등 에너지 기업에 대한 투자를 확대하고 있습니다. 이는 에너지 수요 증가와 관련된 장기적인 성장 가능성을 고려한 것으로 보입니다.

- **금융 분야**: 뱅크 오브 아메리카(Bank of America)와 아메리칸 익스프레스(American Express) 등 금융 기업에 대한 지속적인 투자를 통해 금융 산업의 안정성과 수익성을 중시하고 있습니다.
- **소비재 분야**: 코카콜라(Coca-Cola)와 크래프트 하인즈(Kraft Heinz) 등 소비재 기업에 대한 투자를 유지하며, 브랜드 가치와 소비자 수요의 지속성을 중요하게 생각합니다.

워렌 버핏이 중시하는 재무 지표와 기업 가치 평가 방법

버핏은 기업의 내재 가치를 평가하기 위해 다양한 재무 지표를 활용합니다:

- **ROE(자기자본이익률)**: 기업이 주주 자본을 얼마나 효율적으로 활용하여 이익을 창출하는지를 나타내는 지표로, 버핏은 ROE가 지속적으로 높은 기업을 선호합니다.
- **부채 비율**: 기업의 재무 건전성을 평가하기 위해 부채 비율을 확인하며, 과도한 부채를 가진 기업은 투자 대상에서 제외합니다.
- **현금 흐름**: 기업의 영업활동을 통해 발생하는 현금 흐름이 안정적이고 긍정적인지를 중시합니다.
- **내재 가치 평가**: 할인된 현금 흐름(DCF) 분석을 통해 기업의 미래 현금 흐름을 현재 가치로 환산하여 내재 가치를 산정합니다.

(이하 생략)

답변에 언급된 기업에 관해 기업 정보를 조사할 수도 있습니다.

 사용자 앞의 응답에서 예를 든 Chevron, Occidental Petroleum, Bank of America, Coca-Cola, Kraft Heinz와 관련된 기업 정보를 알려 주십시오.

 AI 워렌 버핏이 투자한 주요 기업들에 대해 알아보겠습니다. 이들 기업은 각자의 산업 분야에서 두드러진 성과를 보이며, 버핏의 투자 철학에 부합하는 특징을 가지고 있습니다.

Chevron Corporation(CVX)

- **산업 분야**: 에너지
- **기업 개요**: Chevron은 미국의 다국적 에너지 기업으로, 석유와 천연가스의 탐사, 생산, 정제, 마케팅 등을 수행합니다. 또한, 화학 제품과 발전 사업에도 참여하고 있습니다.
- **재무 상태**: 2023년 기준, Chevron은 강력한 현금 흐름과 안정적인 배당 정책을 유지하고 있으며, 에너지 가격 상승으로 인해 수익성이 향상됐습니다..
- **투자 이유**: 에너지 수요의 지속적인 증가와 함께, Chevron의 글로벌 운영 능력과 재무 건전성이 버핏의 투자 결정에 영향을 미쳤습니다.

Occidental Petroleum Corporation(OXY)
- **산업 분야**: 에너지
- **기업 개요**: Occidental Petroleum은 미국의 다국적 석유 및 가스 기업으로, 석유와 천연가스의 탐사, 개발, 생산을 주력으로 합니다. 또한, 화학 제품 생산에도 참여하고 있습니다.
- **재무 상태**: 최근 몇 년간 부채 감소와 비용 절감을 통해 재무 구조를 개선하고 있으며, 에너지 가격 회복으로 수익성이 증가하고 있습니다.
- **투자 이유**: 에너지 산업의 회복과 Occidental의 비용 절감 노력, 그리고 장기적인 성장 가능성이 버핏의 투자 결정에 긍정적인 영향을 주었습니다.

Bank of America Corporation(BAC)
- **산업 분야**: 금융
- **기업 개요**: Bank of America는 미국의 대형 은행으로, 개인 및 기업 금융 서비스, 투자 은행 업무, 자산 관리 등을 제공합니다.
- **재무 상태**: 강력한 자본 비율과 안정적인 수익성을 유지하고 있으며, 디지털 뱅킹의 확대로 고객 기반을 확대하고 있습니다.
- **투자 이유**: 금리 상승 환경에서 은행의 수익성 향상과 Bank of America의 광범위한 서비스 제공 능력이 버핏의 투자 결정에 영향을 미쳤습니다.

(이하 생략)

 사용자 각 기업의 시가 총액은 얼마입니까?

 AI 각 기업의 시가총액은 다음과 같습니다:
- **셰브론(Chevron Corporation, CVX)**: 약 2,758억 달러
- **옥시덴탈 페트롤리엄(Occidental Petroleum Corporation, OXY)**: 약 474억 달러
- **뱅크 오브 아메리카(Bank of America Corporation, BAC)**: 약 4,606억 달러
- **코카콜라(The Coca-Cola Company, KO)**: 약 6,299억 달러
- **크래프트 하인즈(The Kraft Heinz Company, KHC)**: 약 3,088억 달러

4-5

[GPTs 활용–NEWS TRADE ASSISTANT V3]

트레이딩 아이디어도 얻을 수 있다!
투자의 기본이 되는 뉴스 분석

POINT

❶ 'NEWS TRADE ASSISTANT V3'으로 뉴스를 분석한다
❷ 최신 경제 뉴스와 중요 이벤트를 기반으로 판단한다
❸ 주요 통화쌍의 트레이딩 아이디어를 얻는다

04

GPTs로 미국 주식 이외의 정보를 수집하자

투자 대상과 시장에 관한 뉴스 분석하기

'NEWS TRADING ASSISTANT V3'은 뉴스 기사에 기반한 투자 판단을 지원하기 위해 만들어진 커스텀 GPTs입니다. AI가 막대한 양의 뉴스 기사를 분석해, 투자자에게 있어 중요한 정보나 시장 동향을 추출합니다. 투자자를 위한 특정 정보와 뉴스에 관련된 거래 지원 제공을 목적으로 개발된 GPT 모델로, 시장에 영향을 주는 중요한 뉴스와 이벤트를 신속하게 분석하고 투자 판단을 지원하는 조언 및 정보를 제공합니다. 구체적으로는 다양한 투자 대상과 시장 동향에 관련된 최신 뉴스나 이벤트를 실시간으로 분석하고 가격 동향과 트렌드 예측, 거래 시점 특정, 리스크 관리나 투자 기회제시 등의 기능을 제공합니다. 과거의 데이터와 트렌드 분석뿐만 아니라 최신 정보와 뉴스의 영향도 신속하게 이해함으로써 투자자가 보다 정확하고 효과적인 거래를 하도록 지원합니다. 투자자는 시장 변동과 리스크에 대응하고, 거래 의사 결정을 지원하기 위한 도구로 'NEWS TRADING ASSISTANT V3'을 활용할 수 있습니다. 또한 이 GPTs는 실용적인 거래 아이디어나 전략을 제공함으로써 투자 활동을 지원합니다.

NETS TRADE ASSISTANT V3

개발자: Hisako Ishitani
URL: https://chatgpt.com/g/g-LzrIITIfl-news-trade-assistant-v3

141

▌트레이딩 아이디어 얻기

'NEWS TRADE ASSISTANT V3'에서 트레이딩 아이디어에 관한 정보를 얻을 수 있습니다. 먼저 트레이딩 아이디어가 무엇인지 설명합니다.

트레이딩 아이디어는 투자자가 시장에서 거래하기 위해 고려한 전략이나 계획입니다. 이는 특정 주식이나 화폐 등의 금융 상품을 매매할 때의 판단에 도움이 됩니다.

트레이딩 아이디어는 기술 분석, 펀더멘털 분석, 뉴스와 투자자의 직감, 경험을 통해 만들어집니다. 기술 분석에서는 차트 패턴, 기술 지표, 가격 동향 등 시장의 데이터를 분석함으로써 잠재적인 거래 기회를 특정합니다. 펀더멘털 분석에서는 기업 재무제표, 경제 지표, 업계 동향 등을 조사하고 금융 상품의 본질적 가치를 평가합니다. 뉴스에서는 기업 이익 발표, 경제 이벤트, 지정학적 이벤트 등 시장에 영향을 줄 가능성이 있는 정보를 고릅니다.

트레이딩 아이디어는 투자자가 시장에서 이익을 얻기 위한 중요한 요소입니다. 하지만 모든 아이디어가 도움이 된다고 할 수는 없습니다. 투자자는 아이디어를 실행하기 전에 리스크를 신중하게 평가하고 적절한 리스크 관리 전략을 마련해야 합니다. 그리고 초보자는 트레이딩 아이디어를 실행하기 전에 적절한 지식과 스킬을 몸에 익혀야만 트레이딩 아이디어를 효과적으로 활용하고, 장기적인 금융 목표 달성에 가까워질 수 있을 것입니다.

 오늘의 trading ideas에 관해 알려 주십시오.

 오늘의 주요 시장 및 트레이딩 아이디어를 요약해 드리겠습니다.

주요 하이라이트:
- **미 연준(Fed) 금리 결정:**
  - 연준이 오늘 25bp 금리 인하를 발표할 것으로 예상되며, 수정된 경제 전망 및 점도표(dot plot)에 관심이 집중되고 있습니다.
  - 2025년 금리 전망이 100bp 이상의 인하로 제시된다면 USD 약세가 예상되며, 그보다 적은 인하가 예상되면 달러 강세를 보일 가능성이 큽니다.
- **USD/CAD 상승 지속:**
  - USD/CAD는 1.4330 부근에서 4년 만의 최고치를 기록. 캐나다의 낮은 CPI와 정치적 불확실성이 원인입니다.
  - 연준의 정책 발표 이후 추가 상승 가능성을 검토해야 합니다.

- **AUD/USD 약세 지속:**
  - AUD/USD는 올해 최저치로 하락하며 0.6300 부근에서 거래. 연준의 달러 강세 가능성이 추가 하락을 지지할 수 있습니다.
- **금(Gold):**
  - 금 가격은 $2,630에서 반등했으나 $2,665 이상 돌파에 실패하며 약세 유지. 연준의 "매파적 금리 인하(hawkish cut)" 가능성이 금 가격에 하방 압력을 가할 가능성이 있습니다.
- **기술주 및 개별 종목:**
  - NVIDIA와 Tesla 주식은 각각 긍정적인 기술적 지표와 AI 분석에 따라 단기 상승 모멘텀을 보이고 있습니다.

전체 시장 환경:

현재 시장은 연준의 금리 결정에 따른 영향을 기다리는 가운데 혼조세를 보이고 있습니다. 주요 통화와 상품 시장은 다음과 같은 경향을 나타냅니다:
- **통화:** USD는 연준 발표를 앞두고 혼조세. AUD 및 CAD는 약세.
- **상품:** 원유는 $67~$72 사이에서 좁은 범위의 횡보세를 지속.
- **주식:** 미국 기술주는 NVIDIA와 Tesla가 주도하며 상승세를 유지. 유럽 주식은 연준 발표를 앞두고 소폭 상승.

(이하 생략)

이 트레이딩 아이디어에서는 유로화/달러(EUR/USD)와 금(XAU/USD)에 관해 설명하고 있습니다. EUR/USD는 롱 포지션을 추천합니다. 이것은 ECB 총재의 발언과 미국 경제 지표를 근거로 한 것입니다.

그리고 XAU/USD에 관해서도 롱 포지션을 시사하고 있습니다. 이것은 미국 달러 하락과 국채 이익 저하, 금 가격 고가 갱신 등을 근거로 한 것입니다.

각 통화쌍은 소비재에 의해 지지선(가격 하락 지지선)과 저항선(가격 상승 억제선), 주목해야 할 이벤트 등도 제시하고 있어 투자자가 시장 환경을 파악하고 적절한 거래를 수행하기 위한 정보를 제공합니다.

▌이벤트를 고려해 조언 얻기

최신 경제 뉴스와 중요 이벤트에 기반한 대답을 요청함으로써, 이들을 고려한 적절한 응답을 얻을 수 있습니다. 이를 통해 경제와 관련된 새로운 정보를 반영한 높은 품질의 대답을 얻을 수 있습니다.

사용자 최근의 경제 뉴스와 중요 이벤트들을 고려해 이후 수 일간 주요 통화쌍의 움직임에 관한 예측 및 트레이딩 아이디어를 알려 주십시오. 특히 미국의 금융 정책과 정치 정세 등의 요인이 외환 시장에 줄 수 있는 영향과 중요한 이벤트에 대한 예상을 포함해, 유익한 조언을 제공해 주십시오.

 AI 주요 통화쌍 예측 및 트레이딩 아이디어

미국 금융 정책과 정치적 요인 영향 분석

미국 달러(USD)

- **정책 요인**: 미 연준(Fed)의 최근 발표에 따르면 금리 인하 속도가 예상보다 느려질 수 있습니다. 이는 금리가 장기적으로 높은 수준을 유지할 가능성을 시사하며 USD에 강세 요인으로 작용합니다.
- **정치적 불확실성**: 도널드 트럼프의 차기 대통령 취임 준비와 관련된 정책 변동성이 시장에 영향을 미칠 가능성이 있습니다. 특히 보호무역주의적 발언은 위험회피 심리를 자극할 수 있습니다.
- **트레이딩 아이디어**:
  - USD/JPY: 달러 강세와 일본 엔의 안전자산 선호도로 인해 155.00 부근에서 강한 저항을 테스트할 가능성. 주요 경제 지표 발표 후 롱 포지션 진입 고려.
  - EUR/USD: 유로 약세 지속. 1.0460 하단 돌파 시 숏 진입, 목표가는 1.0448.
- **중요 이벤트**
  - 미국 PMI(11월 24일): 제조업 및 서비스 지표가 예상을 상회하면 달러가 추가 상승할 가능성.
  - 미국 소비자 신뢰 지수: 소비 심리 회복 여부가 달러의 단기적 움직임에 중요한 역할.

유럽 통화: EUR 및 GBP

- **현황**: 독일 GDP 하락과 유로존 소비자 신뢰 약세가 주요 압박 요인.
- **트레이딩 아이디어**:
  - EUR/USD: 추가 하락 가능성. 단기 목표 1.0448.
  - ECB 고위급 발언 및 독일 제조업 PMI 발표 이후 변동성 확대 예상.

영국 파운드(GBP)

- **현황**: GBP/USD는 1.2600 아래에서 약세 지속. 소비 지표 약세와 BoE의 금리 동결 가능성으로 부진.
- **트레이딩 아이디어**: GBP/USD: 1.2500 부근에서 숏 진입 기회 모색.

오세아니아 통화: AUD 및 NZD

호주 달러(AUD)

- **현황**: AUD/USD는 0.6500을 유지하려는 움직임. 중국 경기 둔화는 하락 리스크.
- **트레이딩 아이디어**:
  - 0.6440 아래로 하락 시 숏 진입, 목표는 0.6400.
  - Iron Ore 가격 상승 또는 RBA의 매파적 발언이 나오면 롱 기회.

(이하 생략)

FX에 관한 정보 수집

'NEWS TRADE ASSISTANT V3'에서는 FX 관련 정보도 얻을 수 있습니다. 시장 환경과 중요한 이벤트에 관한 개요를 간략하게 제시할 수 있으며, 주요 통화쌍에 관한 트레이딩 아이디어와 시장 예측을 제시합니다. 또한 현재 시장 상황을 바탕으로 트레이더가 주시해야 할 포인트와 이후 경제 이벤트에 대한 사고 방식을 알 수 있습니다. 각 통화쌍에 관한 분석과 구체적인 트레이딩 아이디어도 수집할 수 있습니다.

최근 외국 외환 시장(FX)의 동향이나 중요한 경제 이벤트를 추가해 향후 수 일간의 주요 통화쌍에 관한 트레이딩 아이디어 및 시장 예측에 관해 알려 주십시오. 그리고 미국의 금융 정책과 기타 중요한 요인이 외환 시장에 미칠 영향을 고려해 조언해 주십시오. 대답은 한국어로 해주십시오.

외환 시장(FX) 동향 및 주요 통화쌍 트레이딩 아이디어

최근 외환 시장 동향
미국 달러(USD) 강세 지속
- 미 연준(Fed)의 금리 동결 신중론과 강력한 경제 지표가 USD의 상승세를 지지하고 있습니다.
- 최근 발표된 실업수당 청구 감소와 소비 회복 신호는 달러의 추가 강세를 예상케 합니다.

유로(EUR)의 약세
- 독일과 유로존의 PMI 데이터 약화, 소비자 신뢰 하락으로 유로는 하락세를 이어가고 있습니다.
- 유럽중앙은행(ECB)의 금리 동결 기조 또한 유로 약세에 기여합니다.

호주 달러(AUD)와 뉴질랜드 달러(NZD)의 불안정성
- 중국 경제 둔화와 뉴질랜드 준비은행(RBNZ)의 금리 인하 예상으로 AUD/NZD는 혼조세입니다.
- 그러나 Iron Ore 가격 상승은 AUD에 일시적 상승 요인입니다.

엔화(JPY)
- 일본의 인플레이션 발표를 앞두고 JPY는 제한적 강세를 보이고 있지만, USD 강세에 압도되고 있습니다.

(이하 생략)

통화 자체의 강약과 특정 통화쌍에 관해 분석

'NEWS TRADE ASSISTANT V3'을 사용하면 최신 통화 강약 분석과 특정 통화쌍에 관한 상세한 분석에 초점을 두어 정보를 수집할 수 있습니다.
향후 주목해야 할 이벤트에 관한 리스트도 수집할 수 있습니다. 단, 중요한 경제 데이터와 정부 정책에 따라 변동할 가능성도 있으므로 주의합니다.

 최신 통화 강약 분석과 특정 통화쌍의 상세 분석에 초점을 두고 이 정보들을 제공해 주십시오. 통화의 상대적인 강약과 각 통화, 특히 특정 통화쌍에 관해 과거 및 미래의 가능성에 관해 상세한 분석과 예측을 해주십시오. 그리고 시장에서의 중요한 요인과 뉴스들이 통화의 동향에 미치는 영향에 관한 정보도 포함해 정보를 제공해 주십시오. 대답은 한국어로 해주십시오.

 최신 통화 강약 분석 및 주요 통화쌍 상세 분석

통화 강약 분석
현재 상대적인 통화 강도(2024년 11월 22일 기준)
강세 통화:
- **미국 달러(USD):** 연준의 금리 동결 신중론과 강력한 경제 데이터, 지정학적 불안정성으로 안전자산 수요 증가.
- **캐나다 달러(CAD):** 원유 가격 상승(배럴당 $70 이상)이 CAD를 지지.
- **일본 엔(JPY):** 지정학적 긴장 속 단기적 강세.

약세 통화:
- **유로(EUR):** 유로존 경제 둔화 및 ECB 금리 동결 기조.
- **뉴질랜드 달러(NZD):** RBNZ 금리 인하 전망으로 약세.
- **호주 달러(AUD):** 중국 경제 둔화와 약한 경제 지표의 영향.

주요 통화쌍 상세 분석
USD/JPY(미국 달러/일본 엔)
- **현황:**
  - USD는 연준의 금리 동결에도 불구하고 금리가 높은 상태를 유지하며 강세를 보이고 있음.
  - JPY는 지정학적 긴장 속에서 안전자산으로 수요 증가.
- **기술적 분석:**
  - 저항선: 155.00(최근 고점).
  - 지지선: 154.00(단기 이동평균선).
  - RSI는 과매수 구간(70 이상)에서 벗어나 조정 가능성 시사.

- **예측 및 전략:**
  - 155.00 돌파 시 롱 포지션, 목표는 155.50.
  - 만약 154.00 아래로 하락 시 숏 포지션으로 전환, 목표는 153.50.

EUR/USD(유로/미국 달러)
(이하 생략)

FX에 관해 질문하면 'NEWS TRADE ASSISTANT V3'에서는 통화 강약 분석과 시장 동향에 관한 상세한 정보를 얻을 수 있습니다. 이 정보를 기반으로, 투자자는 최신 상황을 파악하고 의사 결정을 쉽게 내릴 수 있습니다.

Perplexity를 사용해 트레이딩 아이디어 찾아보기

마지막으로 GPTs에서 조금 떨어져 트레이딩 아이디어를 찾아 봅시다.
Perplexity(33쪽 참조)를 사용하면 다양한 웹 페이지의 검색 결과를 기반으로 트레이딩 아이디어를 만들 수 있습니다. 한국어로 주식과 외국 외환에 관해 문의했을 때 다음과 같은 대답을 얻었습니다.

 글로벌 주식 시장 동향
S&P 500, 나스닥, 비트코인이 도널드 트럼프 대통령의 재선 가능성으로 인해 상승세를 보이고 있습니다. 반면 국내 코스피와 코스닥 시장은 지속적인 약세를 나타내고 있어 국내 투자자들에게 어려움을 주고 있습니다.

특정 종목 분석
- 삼성전자
- 채널링 형성 가능성에 따른 매수 포지션 진입 조건:
- 공격적 매수 진입가: 49,600원
- 스탑로스: 46,600원
  - 1차 목표가: 55,700원(예상수익 12.50%)
  - 2차 목표가: 60,600원(예상수익 22.18%)
- 테슬라(TSLA)
- 전 고점을 뚫고 조정을 보이는 상황
- 382 260~265달러 부근에서 매수세 예상
(이하 생략)

위 내용의 출처는 https://kr.tradingview.com/입니다. 개별 종목 추천의 경우에는 다른 정보도 참조해야 평가할 수 있지만, 정보 검색 시작 시점에서는 나쁘지 않습니다. 그리고 외국 외환에 관해서는 다음과 같은 대답을 얻었습니다.

트레이딩 전략

모멘텀 기반 롱숏 전략: 과거 성과가 좋은 자산은 가까운 미래에도 좋은 성과를 보일 가능성이 높다는 개념을 활용.

- **RSI2 역추세 전략**: Larry Connors가 제안한 2일 RSI를 활용한 평균 회귀 전략으로, 1999년 이후 연간 30%의 수익률을 달성했다고 합니다.
- **IPO 활용 전략**: IPO 주식을 거래하는 전략으로, S&P 500 지수를 크게 상회하는 수익률을 보이면서도 더 낮은 drawdown을 달성했다고 합니다.

기술주와 국채 수익률 스프레드 전략: 기술 기업의 가치가 금리 변화에 민감하다는 점을 활용한 전략입니다.

- **IPO 활용 전략**: IPO 주식을 거래하는 전략으로, S&P 500 지수를 크게 상회하는 수익률을 보이면서도 더 낮은 drawdown을 달성했다고 합니다.

기술주와 국채 수익률 스프레드 전략: 기술 기업의 가치가 금리 변화에 민감하다는 점을 활용한 전략입니다.

이 내용의 출처도 https://kr.tradingview.com/입니다. 이것을 정확하다고 단정할 수는 없지만, 하나의 방침으로써 알아두는 것도 좋을 것입니다.

같은 내용의 프롬프트를 영어로 입력하면 미국 시장 혹은 미국 달러의 통화쌍에 관한 아이디어를 얻을 수 있습니다.

05

생성형 AI를 투자에
사용하기 위한 필수 기법

5-1 DeepL로 간단하게 번역하기!

❶ 영문 사이트를 읽는 데는 'DeepL'이 가장 적합하다.
❷ 단축키로 영문을 간단하게 번역한다.
❸ 무료로 사용할 수 있지만, 유료 버전을 사용하면 문자 수 제한이 없다.

DeepL은 영문 사이트 확인을 위한 필수 아이템

해외 투자 시 올바른 판단을 하기 위해서는 영문 사이트의 문장을 신속하고 정확하게 이해해야만 합니다. 이를 위해 영어를 한국어로 번역하는 다양한 도구가 존재합니다. 특히 ChatGPT의 번역 성능은 매우 뛰어나기 때문에 일반적인 영문 번역에는 ChatGPT만 사용해도 충분합니다. 하지만 ChatGPT보다 사용성이 뛰어난 번역 도구가 있습니다. 무료임에도 사용하기 쉽고, 많은 사용자를 보유한 'DeepL'입니다. DeepL은 독일의 DeepL이 2017년에 출시한 자동 번역 서비스로, 한국어도 지원하고 있습니다. DeepL의 대략적인 기능과 특징은 다음과 같습니다. 그리고 DeepL은 무료 버전과 세 가지 종류의 유료 버전이 제공됩니다.

- 많은 언어에 대응한다.
- 번역 속도가 빠르다.
- 특정 단어에 대한 번역을 정의한 용어집을 사용할 수 있다.
- PDF, Word 형식, PowerPoint 형식을 읽을 수 있다.
- 텍스트, HTML 파일에 대응한다(유료 버전).
- 보안도 신경쓰고 있다.
- 문장을 선택하고 단축키를 사용해 번역할 수 있다.

특히 마지막 기능이 재미있습니다. ChatGPT를 사용해 웹 페이지를 번역할 때, 일반적으로는 웹 페이지에서 마우스를 사용해 문장을 선택해서 복사하고, DeepL에 붙여넣어야 합니다. 한 번에 번역할 수 있는 문자 수는 무료 버전에서는 5000자, 유료 버전에서는 무제한입니다. 하지만 사용자가 직접 복사하고 붙여넣어야 합니다. 특히 무료 버전에서 긴 문장을 번역하려 할 때 상당히 번거롭습니다.

이 때, DeepL 애플리케이션을 설치하면 단축키를 사용할 수 있습니다. 이 기능을 사용하면 ChatGPT를 사용할 때보다 훨씬 빠르게 번역할 수 있습니다.

DeepL

개발자: DeepL SE
URL: https://www.deepl.com/

❶ DeepL 기본 번역을 사용한다

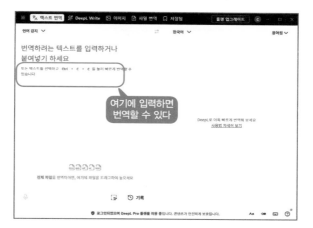

▲ 왼쪽에 번역할 문장을 입력하면 자동으로 언어를 인식하고, 오른쪽에 번역문을 표시한다.

❷ 웹브라우저에서 영문을 복사한다

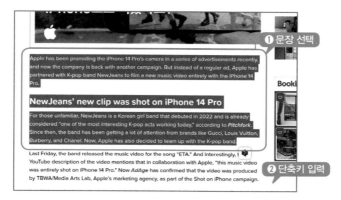

▲ 번역할 문장을 선택하고 Ctrl 을 누른 상태에서 C 를 두 번 누른다. DeepL이 자동으로 실행되고 문장을 번역한다.

❸ DeepL에서 자동으로 번역된다

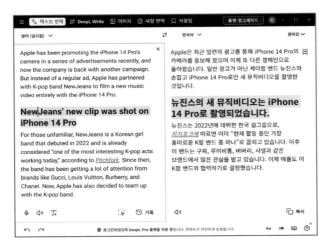

▲ 선택한 영문이 자동으로 DeepL에 입력되고 번역 결과가 표시된다.

DeepL 무료 버전과 유료 버전의 차이

DeepL 각 플랜의 기능은 다음과 같습니다. ChatGPT 등의 생성형 AI는 유료 버전이 아니면 제대로 사용할 수 없는 경우가 많지만, DeepL은 상당한 헤비 유저가 아닌 이상 무료 버전으로도 충분히 사용할 수 있습니다. 긴 내용을 DeepL로 한 번에 번역하고 싶을 때만 유료 버전의 사용을 검토하는 것을 권장합니다.

	무료 버전	유료 버전		
		Starter	Advanced	Ultimate
텍스트 번역 한도	최대 1,500자	월 100만자	무제한	무제한
문서 업로드 횟수	파일 3개/월	파일 5개/월	파일 20개/월	파일 100개/월
최대 파일 크기	5MB	10MB	20MB	30MB
용어집 수	1개	1개	2,000개	2,000개
용어집당 항목 수	10개	무제한	무제한	무제한
요금	무료	USD 8.74/월	USD 28.74/월	USD 57.49/월

▌DeepL 번역의 확장 기능 사용

DeepL은 Chrome, Firefox 전용 확장 기능을 제공합니다. 이 확장 기능을 설치하면 문장을 선택하는 것만으로 웹 페이지에서 자동으로 번역이 진행되며 사용자가 번역문을 원활하게 읽어나갈 수 있습니다. DeepL 확장 기능을 사용하면 마우스 포인터를 올리는 것만으로 번역할 수 있습니다. DeepL 애플리케이션을 사용하는 경우에는 창 전환을 해야만 하기 때문에 다소 번거롭게 느껴질 수 있지만, 브라우저 확장 기능을 사용하면 그런 번거로움이 사라집니다.

❶ DeepL의 확장 기능을 설치한다

▲ 여기에서는 Chrome용 확장 기능에 관해 설명하지만, 다른 브라우저용 확장 기능도 거의 같은 순서로 사용할 수 있다. 먼저 Chrome 웹 스토어에서 'DeepL 번역'을 검색하고 설치한다.

❷ 확장 기능 툴바에 아이콘을 표시한다

▲ 확장 기능을 사용하기 쉽도록 확장 기능 아이콘을 클릭하고 'DeepL 번역'의 고정핀 아이콘을 클릭해 툴바에 표시한다.

❸ 확장 기능을 설정한다

▲ 툴바의 DeepL 아이콘을 클릭해 기본 설정을 확인하고 변경할 수 있다. 어떤 언어로 번역할 것인지, 어떤 웹 페이지에서 번역 아이콘을 표시할 것인지 등을 상세하게 설정할 수 있다.

154

❹ 번역할 영문을 선택한다

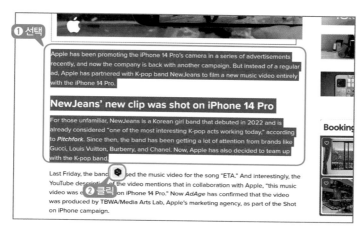

▲ Chrome에 표시된 페이지 안에서 번역할 문장을 선택하면 DeepL 아이콘이 표시된다. 아이콘을 클릭한다.

❺ 한국어로 번역된다

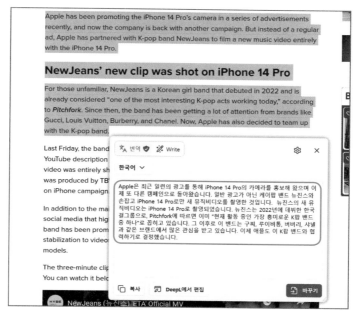

▲ 한국어로 번역된 문장이 표시된다.

5-2 '좋은 프롬프트' 작성 조건을 알아두자!

❶ 프롬프트의 품질을 높이면 대답의 품질도 높아진다.
❷ 프롬프트로 대답의 방향을 제한하는 것이 좋다.
❸ 다양한 기법이 있으므로 할 수 있는 것부터 한다.

프롬프트 엔지니어링의 필수 지식

ChatGPT를 포함하여 문장 생성형 AI를 효과적으로 활용하기 위해서는 적절한 프롬프트를 작성하는 것이 매우 중요합니다. 프롬프트의 품질을 높이면 대답의 품질도 높아집니다.

최근 문장 생성형 AI의 기능이 비약적으로 향상되었기 때문에, 프롬프트가 다소 적절하지 않더라도 일정 수준이 넘는 품질의 대답을 얻을 수 있게 됐습니다. 하지만 명확하고 구체적인 지시를 포함하는 프롬프트를 작성함으로써 보다 높은 품질의 대답을 효율적으로 얻을 수 있습니다.

여기에서는 주의해야 할 포인트를 예시와 함께 제시하고, 곧바로 사용할 수 있는 기법들을 소개합니다. 포인트와 기법 중에는 실행하기 어렵다고 느껴지는 것이 있을 수 있습니다. 그럴 때는 간단하다고 생각되는 것만이라도 먼저 실행해 보는 것이 좋습니다.

┃ChatGPT에게 역할을 부여

우선 가장 먼저 할 수 있는 것은 프롬프트 앞에 '당신은 OOO(직업 등의 역할)입니다' 같은 문장을 추가해 ChatGPT에게 역할을 부여하는 것입니다. 이를 통해 일관성 있고 인간적인 대답을 얻을 수 있습니다. 또한 부적절한 내용을 대답에 포함하는 리스크를 줄이고 사용자의 의도에 맞는 실용적인 정보를 제공받을 수 있습니다.

- **좋지 않은 예**: 투자를 시작할 때 알아 둬야 할 포인트를 설명해 주십시오.
- **좋은 예**: 당신은 오래된 증권 회사의 베테랑 투자 조언가입니다. 투자 초보자가 투자를 시작할 때 알아둬야 할 포인트를 다섯 가지 알려 주십시오.

자세한 내용과 조건을 추가

프롬프트에 자세한 내용과 조건을 추가하면 ChatGPT는 사용자의 의도와 요구를 보다 명확하게 이해할 수 있게 됩니다. 이를 통해 문맥을 적확하게 파악하고, 요구에 따른 대답의 범위를 좁힐 수 있습니다. 그리고 추가 조건을 지정함으로써, ChatGPT가 부여받은 제약 안에서 가장 적절한 대답을 생성하기 위해 시도하게 합니다.

반대로 모호한 지시에서는 적절한 대답을 생성하기 위한 충분한 정보를 얻을 수 없기 때문에, 높은 품질의 대답을 기대하는 것이 어렵게 됩니다.

- **좋지 않은 예:** 미국의 투자 관련주에 관해 알려 주십시오.
- **좋은 예:** 미국의 투자 관련주를 5개 나열하고, 각 기업의 특징 및 투자의 매력을 2~3개 문장으로 설명해 주십시오.

- **좋지 않은 예:** 금융 위기가 투자자에게 미치는 영향에 관해 설명해 주십시오.
- **좋은 예:** 2008년 금융 위기가 투자자에게 미친 영향에 관해, 당시 경제적 배경을 고려해 설명해 주십시오. 특히 주식 시장의 하락과 개인 투자자의 행동에 초점을 맞춰 설명해 주십시오.

- **좋지 않은 예:** 자산 배분에 관해 알려 주십시오.
- **좋은 예:** 장기 투자에서 자산 배분의 중요성에 관해, 주식과 채권의 비율을 중심으로 투자 목적과 리스크 허용도에 따른 배분을 3개의 예시와 함께 설명해 주십시오.

추가 조건 더하기

프롬프트에 추가 조건을 포함하면 ChatGPT는 대답에 필요한 정보를 적절하게 취사선택하고 문맥에 맞는 적확한 대답을 생성할 수 있게 됩니다. 예를 들면 '가치주와 성장주의 차이'에 대한 설명을 요청할 때 각각의 정의, 투자 전략, 어울리는 투자자 유형과 같은 추가 조건을 부여하면 ChatGPT가 보다 구체적이고 실용적인 정보를 제공할 수 있습니다.

단순히 차이에 관해 설명해 달라는 것만 제시하면 ChatGPT는 일반적인 정보를 제공하는데 그치기 때문에, 사용자에게 있어 그다지 유용하지 않은 대답을 할 가능성이 있습니다. 추가 조건을 부여함으로써 ChatGPT는 사용자의 의도를 보다 깊이 이해하고, 요청하는 정보들을 적확하게 필터링할 수 있기 때문에 대답의 품질이 높아집니다.

- **좋지 않은 예**: 가치주와 성장주의 차이에 관해 설명해 주십시오.
- **좋은 예**: 주식투자에 있어 가치주와 성장주의 차이에 관해 각각의 정의, 투자 전략, 적합한 투자자 유형을 포함해 설명해 주십시오.

▌예시 활용

프롬프트에 예를 포함시키면 ChatGPT는 구체적으로 어떤 대답을 요청하는지 명확하게 이해할 수 있습니다. 예를 들면 복잡한 개념을 설명할 때 글머리 기호를 사용하라고 프롬프트에 지시하면 ChatGPT는 정보를 나누어 항목별로 정리할 수 있습니다.
마찬가지로 데이터 비교나 분류가 필요할 때는 표 형식으로 출력을 지정하면, 정보가 체계적으로 정리되어 사용자가 쉽게 이해할 수 있는 형태로 제공할 수 있습니다.

- **좋지 않은 예**: 포트폴리오 분산에 관해 설명해 주십시오.
- **좋은 예**: 포트폴리오 분산의 중요성에 관해, 다음 순서대로 글머리 기호로 설명해 주십시오. 1) 리스크 관리 관점, 2) 자산 클래스의 상관 관계, 3) 리밸런싱의 필요성
- **좋지 않은 예**: 기술 분석과 펀더멘털 분석의 차이에 관해 설명해 주십시오.
- **좋은 예**: 기술 분석과 펀더멘털 분석의 차이에 관해 각각의 특징과 장단점을 표 형식으로 정리해 주십시오.

▌수정 지시에서는 구체적으로 문제점 지적

ChatGPT의 대답이 충분하지 않아 수정 지시를 할 때, 단순히 '설명이 충분하지 않습니다. 다시 한 번 설명해 주십시오' 같은 간단한 요구에도 대답이 개선되는 경우가 많습니다. 하지만 단순히 '설명이 충분하지 않다'는 지적만으로는 ChatGPT는 무엇이 부족한지, 어떻게 개선해야 하는지 정확하게 이해하지 못할 때가 많습니다. 확실하게 의도대로 대답을 얻고 싶다면, 단순하게 재출력을 요구하는 것보다 첫 번째 대답의 문제점을 구체적으로 지적해, 원하는 대답을 자세하게 전달해야 합니다.
예를 들면 주식 투자 순서에 관한 설명을 요청할 때, 첫 번째 대답에서 충분한 정보를 제공하지 않았다고 가정해 봅시다. 이때 각 단계에서 보다 구체적인 설명을 더하도록 제시하고, 특히 종목 선택의 기본적인 사고 방식에 관해서는 초보자도 쉽게 알 수 있도록 자세하게 설명하도록 지시하면 답변이 훨씬 좋게 개선될 것입니다.

- **좋지 않은 예**: 설명이 충분하지 않습니다. 다시 한번 설명해 주십시오.
- **좋은 예**: 첫 번째 출력에서는 주식 투자 순서에 관해 충분한 정보가 제공되지 않았습니다. 각 단계에서 보다 구체적인 설명을 더해 주십시오. 특히 종목 선택과 관련된 기본적인 사고 방식에 관해서는 초보자라도 쉽게 이해할 수 있도록 자세하게 설명해 주십시오.

장점과 단점을 모두 나열하도록 요구

장점과 단점을 모두 나열하도록 프롬프트에 지시하면, ChatGPT는 대상을 다각적으로 파악하고 균형 잡힌 대답을 생성하게 됩니다.

예를 들면 어떤 투자 전략에 관한 설명을 요청할 때, 장점과 단점 모두를 나열하도록 프롬프트에 지시하면 ChatGPT는 그 전략의 강점과 약점, 잠재적인 리스크와 기회를 공평하게 평가하고, 사용자에게 보나 객관적이고 실증적인 정보를 제공할 수 있게 됩니다.

반대로 장점 혹은 단점 중 어느 한쪽만 요청하는 프롬프트의 경우, ChatGPT가 치우친 입장에서 대답을 생성할 가능성이 있습니다. 장점과 단점 양쪽을 고려하도록 프롬프트에 지시함으로써 중립적이고 신뢰성이 높은 대답을 얻을 수 있게 됩니다.

- **좋지 않은 예**: 투자 신탁은 멋진 투자 상품이라고 생각합니다. 그 이유를 설명해 주십시오.
- **좋은 예**: 투자 신탁의 장점과 단점에 관해 객관적인 입장에서 설명해 주십시오.

자주 사용되는 기법 ❶ '단계적으로'라는 구문 사용

마지막으로 투자에 관계없이 어떤 경우에도 사용할 수 있는 기법을 간단하게 소개합니다.

순서를 설명하게 할 때 편리한 것이 '단계적으로'라는 구문입니다. 이 구문을 프롬프트에 포함시키면 ChatGPT는 복잡한 문제나 절차를 순서에 따라 논리적으로 설명할 수 있게 됩니다. '단계적으로'라는 지시가 없으면 중요한 순서를 건너 뛰거나, 순서를 혼동할 가능성이 있습니다.

▌자주 사용되는 기법 ❷ 프롬프트를 영어로 작성

ChatGPT를 포함하여 대다수의 생성형 AI는 영어로 훈련되어 있고, 그 데이터셋도 영어 중심입니다. 그렇기 때문에 영어로 프롬프트를 제시하는 것은 ChatGPT가 가장 정확하게 이해하기 쉬운 형식을 제공하는 것이 됩니다. 이를 통해 ChatGPT가 가진 막대한 지식과 훈련 데이터를 최대한으로 활용할 수 있게 됩니다. 또한 대답의 품질도 영어를 사용하는 경우 개선될 가능성이 높다고 알려져 있습니다. 같은 내용의 프롬프트에 대해서는 일반적으로 영어를 사용할 때 대답 문장도 길어지는 경향이 있습니다. 영어로 프롬프트를 작성하는 것이 어렵다면 한국어로 작성한 프롬프트를 DeepL 또는 ChatGPT를 사용해 영어로 번역한 뒤 프롬프트에 입력하면 됩니다. 또는 ChatGPT에게 한국어로 프롬프트를 전달할 때 '이 프롬프트를 영어로 번역한 뒤 영어로 대답하고, 그 대답을 한국어로 번역해 주십시오' 같은 지시를 프롬프트에 포함시키면 됩니다.

▌자주 사용되는 기법 ❸ '당신이라면 할 수 있다'

'당신이라면 할 수 있다. 화이팅' 같은 감정에 호소하는 구문을 프롬프트에 추가하면 ChatGPT와의 대화에 긍정적인 영향을 줄 수 있습니다. ChatGPT는 프로그램에 기반해 동작하지만 이같은 격려의 표현은 앞(132쪽, COLUMN 참조)에서 설명한 것처럼 사용자와 ChatGPT의 관련성을 개선하기 때문에 보다 협조적인 대답을 출력할 가능성이 높아집니다.

▌자주 사용되는 기법 ❹ '수평적 사고로'

'수평적 사고로'라는 지시는 ChatGPT가 기존 사고 방식에서 벗어나, 보다 창조적이고 예측 불가능한 아이디어를 생성하게 하는 것을 촉진합니다. 수평적 사고는 문제 해결에 있어 직관과 창조성을 중시하는 접근 방식으로, ChatGPT에게 이같은 사고 스타일을 촉진함으로써 보다 개성적인 답변을 기대할 수 있습니다.

특히 창조적인 작업이나 혁신적인 아이디어가 요구되는 태스크일 때 ChatGPT의 잠재력을 최대한 끌어낼 수 있습니다.

▌자주 사용되는 기법 ❺ 롤플레이

'당신은 오랜 경험을 가진 최고의 투자 조언가입니다'처럼 생성형 AI에게 투자 조언가의 역할을 부여하면 전문적인 지식과 경험에 기반한 대답을 쉽게 생성할 수 있습니다. 그리고 이 부분을 변경함으로써 누구를 위한 대답인지 제어할 수 있습니다. 예를 들어 '당신은 초등학교의 담임 교사입니다' 같은 역할을 부여하면 ChatGPT는 아이들도 이해할 수 있는 대화를 만들어 갑니다.

▌자주 사용되는 기법 ❻ 피드백 부여

초보자에게 구체적인 순서와 예시는 매우 중요합니다. 대답에 부족한 부분이 있다면 '앞의 주식 투자 관련 대답에서는 초보자를 위한 구체적인 순서가 부족했습니다'와 같이 구체적으로 지적해 어떤 정보를 원하는지 정확하게 전달해 봅시다. 한 번의 대화로 완결하려는 것을 목표로 하지 말고, ChatGPT와의 꾸준한 대화를 통해 필요한 정보를 얻는 것이 결국 가장 빠른 길입니다.

생성형 AI를 투자에 사용하기 위한 필수 기법

5-3 '신 NISA+생성형 AI'로 자산을 늘려라! 정확한 정보가 가장 중요한 아이템

POINT

❶ 신 NISA는 비과세 투자 범위가 확대돼 매력적이다.
❷ 라쿠텐 증권의 '투자 AI 어시스턴트'를 사용하면 편리하다.
❸ 생성형 AI의 대답은 다른 생성형 AI를 사용해 확인할 수 있다.

신 NISA에서의 투자 판단에 생성형 AI를 사용하자

2024년 1월, 개인을 대상으로 하는 새로운 소액 투자 비과세 제도인 신 NISA가 시작됐습니다. 신 NISA는 지금까지의 NISA의 비과세 투자 범위를 대폭 확대해, 제도 자체를 장기적으로 지속시키는 것을 목적으로 합니다.

신 NISA는 적립 투자식과 성장 투자식의 두 가지 종류로 구성돼 있습니다. 적립 투자식에서는 연간 120만엔까지, 성장 투자식에서는 연간 240만엔까지 투자할 수 있으며 총 투자금 1800만엔까지 비과세가 적용됩니다. 그리고 매도한 만큼은 다음해로 승계되기 때문에 장기적인 투자 계획을 쉽게 세울 수 있습니다.

신 NISA에 대해 자세한 정보를 알고 싶을 때는 Copilot에 질문하는 것이 확실합니다. Copilot은 웹 검색을 통해 신뢰할 수 있는 정보 소스로부터 대답을 생성합니다. 단, Copilot은 투자 전용 AI는 아니므로 투자에 특화된 정보를 얻는 데는 충분하지 않다고 느껴질 수 있습니다.

이럴 때 활용하기 좋은 것이 라쿠텐 증권이 제공하는 '투자 AI 어시스턴트[베타 버전 + 플러스]'(이하 '투자 AI 어시스턴트')입니다. 투자용 AI 어시스턴트는 다양하게 존재하지만 유료 버전을 사용해야하는 것과, 초보자가 입문하기 어려운 것들도 많습니다. 한편 '투자 AI 어시스턴트'는 누구나 무료로 사용할 수 있습니다.

이 어시스턴트의 핵심은 ChatGPT(GPT-3.5/GPT-4)지만 라쿠텐 증권 사이트의 내용에 기반해 학습했기 때문에, 라쿠텐 증권 서비스 관련 질문에 특화돼 있습니다. 따라서 다른 증권 회사의 서비스에 관한 질문에는 대답하지 않기도 하므로 주의해야 합니다. 그리고 대답에는 라쿠텐 증권 사이트 내부 링크가 포함되는 경우가 많으며, 다소 라쿠텐 증권에 치우친 대답을 하는 경향이 있습니다.

현재 이 서비스는 한국어, 일본어, 영어로 질문이 가능하지만, 답변은 일본어로만 제 공되기 때문에 이 책에서는 프롬프트에 관한 추가 설명을 생략합니다.

COLUMN

그 외 생성형 AI를 사용한 투자 도구

캐피탈 에셋 플래닝은 개인 투자자가 신 NISA를 사용해 투자 전략을 세울 수 있도록 하는 애 플리케이션인 'W2C'를 개발하고 있습니다. 2024년 3월 기준 베타 버전을 금융 기관에 배포한 단계입니다. 이 애플리케이션은 생성형 AI를 사용해 사용자의 질문에 대답하는 것을 목표로 하 고 있습니다.

또한 자산 운용을 자동화하는 로봇 어드바이저도 AI를 사용하고 있지만, 생성형 AI를 사용하 는 것은 아니기 때문에 자연스러운 문장으로 쓰인 질문에 대답해 주지는 않습니다.

투자에 성공하기 위한 철칙은?

투자에서 성공하려면 반드시 높은 품질의 정보를 수집해야 합니다. 하지만 정보가 넘쳐나는 오 늘날, 진짜 가치가 있는 정보를 찾는 것은 쉽지 않습니다.

투자를 할 때 지켜야 할 가장 중요한 원칙은 '모든 정보를 의심해 본다'입니다. TV, 신문의 뉴스 를 그대로 받아들여서는 안 됩니다. 인터넷의 정보도 마찬가지입니다. 인플루언서나 전문가들 이 아무리 명확하게 딱 잘라 말한다 해도, 직접 그 의견을 검증하지 않고 믿어서는 위험합니다. 이야기나 정보는 절반, 즉 50% 정도만 사실일 것이라 인식하고 행동하는 것이 이후의 후회를 줄일 수 있습니다. 금융 기관이 추천하는 상품 역시 그대로 받아들이지 말고, 반드시 직접 조 사하는 습관을 길러야 합니다. 그들이 특정 상품을 추천하는 이유를 곰곰이 생각해 본다면 거대 은행의 창구에서 투자 신탁 상품을 구입하는 일은 없을 것입니다. 거대 은행이 추천하는 종목은 고객에게 이득이 되는 종목이 아니라 수수료를 통해 거대 은행이 수익을 얻는 종목이 기 때문입니다.

그리고 많은 사람이 알고 있는 정보는 이미 주가에 반영되어 있습니다. 그런 정보를 기반으로 투자해도 시장 평균 이상의 수익을 얻기는 어려울 것입니다. 만약 시장 평균 정도의 수익으로 만족할 수 있다면, 분산 투자를 할 수 있는 투자 신탁에 정기적으로 투자금을 적립하는 것으로 도 충분합니다. 그렇다면 특별한 정보를 시간과 노력을 들여 수집할 필요는 없습니다.

시장 평균 이상의 수익을 목표로 한다면 시장이 아직 알지 못하는 정보를 찾고, 그 정보를 활 용해 투자해야 합니다. 예를 들면 기업 결산 단신, 유가증권보고서 등 1차 정보를 먼저 분석함 으로써 시장이 간과하고 있는 점을 발견할 수 있을 것입니다. 여기에 생성형 AI를 활용함으로 써 다른 투자자들보다 빠르고 정확하게 투자 대상을 식별하는 것입니다.

중요한 것은 얻은 정보가 '애초에 그런 것인지?', '왜 그런 상황이 되었는지?', '이런 활동의 배경 에는 어떤 동기가 숨어 있는지?' 등을 깊이 생각해 보는 것입니다. 표면적인 정보뿐만 아니라 그 배경의 경위 및 동기를 이해함으로써 정보의 진짜 가치를 볼 수 있게 됩니다.

정보 수집은 시간이 드는 지루한 작업이지만 높은 품질의 정보를 찾아내는 방법을 습득하면 주식 투자에서 큰 성과를 올릴 수 있을 것입니다. 설사 큰 성과를 올리지는 못한다 하더라도, 주식 투자에서 큰 손실을 입는 것은 피할 수 있을 것입니다. 눈 앞의 정보를 항상 의심하는 자세를 잊지 말고, 여러분의 머리로 직접 생각하는 습관을 중요하게 여기십시오.